# 윤기영의 詩론집

창작동네 시인선 163

# 윤기영의 詩론집

인　쇄 : 초판인쇄 2023년 2월 20일
지은이 : 윤기영
편집장 : 정설연
편집인 : 윤기영
펴낸곳 : 노트북
등　록 : 제 305-2012-000048호
본　사 : 서울시 동대문구 사가정로 256-4호 나동B101
전　화 : 070-8887-8233 팩시밀리 02-844-5756
H　P : 010-8263-8233
이메일 : hdpoem55@hanmail.net
판　형 : 신한국판형_P204_140-220

2023 2월 & 윤기영의 詩론집

정　가 : 15.000원

ISBN : 979-11-88856-63-3-03810


*저자와의 협의로 인지는 생략합니다.
*잘못된 책은 교환해 드립니다.

## 동백꽃이 부르면_윤기영

낭송 정설연

꽃이 불러 여행길에 올랐다
겨울 꽃은 아름다웠다
나를 부르던 겨울 노래가
설원에 붉게 물들었다

눈을 떠보니 동동 동백꽃
심장의 온도를 녹이는
감사함도 있었고
기쁨은 연신 기다리고 있었다

바람을 마다하지 않는 꽃잎은
가슴을 흔들어 놓고
온몸으로 번지는 설렘이
동백나무를 감싸고 있었다

내가 너의 극치를 보여주는
이쁜 자태의 영상을 담아
감동으로 기억하게 전하련다

## 책 머리에

　이 책은 인터넷 주류 문학의 관심사인 시 쓰기의 언어와 소통의 주제를 전달하고자 개인 정신을 생산적 현상을 전달하는 과정이다

　소통의 성공 여부는 생각에 따라 다르다 글은 발화자가 소통하고자 하는 언어를 청각에 담아 의사 전달하고자 하는 엄격한 언어가 되도록 노력해야 된다 시란 생각에서 나오는 감정의 복합체이므로 언어 표상의 엄격한 여과에서 나오는 긴장체라고 볼 수 있다

　시의 창조를 통하여 현실을 재구성하고 성찰하는 일이라 할 때, 시인의 미덕은 오랜 기간의 습작으로 인해 기본기가 탄탄해야 한다. 치열한 자기 성찰을 바탕으로 시적 진정성을 확보하고 있어야 독자와 소통하는데 수월하다.

어느덧 문학사를 창간한 지 23년이란 시간이 흘렀다
영화감독으로 실패하면서 생각이 많은 계절을 버려야 했다
주위에 준비 없는 영화인들을 지켜보며 나의 깨달음은 마지
막 생의 안주함을 생각하게 돼 수 없는 시행착오를 거치며
자신을 채찍질하는 진솔한 언어에 나의 초심을 보게 된다.

 시문학에 들어와서 최근작 『이안류』외6집 작사 조항조 『너
였다』 김철민 『경포의 바람』 외 10편 『현대시선』 문예지 62
호 출간했으며 『창작동네 시인선』 단편집 170여권 출간 영
상시 1300여편 유튜브 제작과 안정복문학상(3회) 아차산문학
상(2회) 영상시 신춘문학상(5회) 주최로 문학 활동에서도 큰
기여를 하고 있으며 시영상문학 선두주자로 청각적 소통의
장을 열어가는데 이바지하고 있다. 앞으로 영상문학이 청각
적으로 자리 잡고 감성의 낭송가와 시문학 발전과 소통의 장
을 만들도록 할 것이다.

저자 윤기영

## 책 머리에

### 마음의 창을 열어보며

#### 김광숙 시집_나의 사랑은 현재 진행형...010
삶 속의 그려지는 인생, 그 아픈 노래
1 그 영역에 서면
2 봄을 노래하는 연금술사
3 자연의 이치와 삶의 의미는 무엇인가
4 사랑은 진행형이다

#### 송연화 시집_행복한 비밀...030
행복한 비밀의 순례자
1 자연이 주는 혜안
2 자연과 삶 그리고 성찰
3 행복이 주는 그리움
4 행복의 비밀 승화를 돌아보며

#### 윤광식 시집_바람꽃 인생...045
그리움은 눈꺼풀에 걸린 둥근달
1 그리움은 연금술사가 되어간다
2 추억에서 얻어지는 진리
3 인생은 바람처럼 노래하자
4 바람꽃 인생의 환기 시간

#### 이기주 시집_세월이 못 지운 그리움...065
1 사색으로 피어나는 혜안
2 자연이 주는 질서의 성찰
3 계절을 성찰하며
4 다시 꽃의 승화를 기다리며

**이명순 시집_다시, 첫걸음...080**
백년의 향을 그려낸 성찰
1 꿈은 즐거움을 읽는다
2 사물의 이치에서 얻어지는 사색의 창
3 백년의 향을 사유하며
4 순환이 주는 승화의 시간

**이서영 시집_아리아를 부르는 해바라기...095**
타고난 초월, 긍정적 사고
1 초월의 힘
2 초월, 긍정적 사고
3 인생철학
4 진리

**이용식 시집_그래, 이쯤이면 된 거야...111**
인생, 그 삶 속에 그려지는 영혼의 울림
1 인생 영역을 뒤돌아보며
2 자연의 진리와 깨달음
3 자연이 주는 인생 여행 중
4 인생은 자연과 동행한다

**이향숙 시집_내 마음의 고향...135**
시인은 사색을 꿈꾸며
1 선명하게 다가서는 그림자
2 지난 감성을 찾아
3 다시 기다려지는 세월
4 중년의 나이가 되어 보니

**전문구 시집_저 꽃잎...150**
시적 감성을 직시하는 연금술사
1 시 영역을 탐구하는 연금술사
2 순환은 삶의 진리
3 우린 달아나는 것을 보며 서 있어야 한다
4 자아 인식의 표상

**정경혜 시집_그 것마저 찬란한...178**
혜안으로 그려내는 성찰
1 혜안으로 노래하는 전례자
2 자연의 이치와 공존
3 혜안으로 그려지는 사유
4 시간의 승화

**조은주 시집_별은 내 가슴에...187**
별은 내 가슴에 그리움이 되어
1 그리움은 미학적 가치
2 정서적 거리가 주는 성찰
3 반복적 운율이 주는 자아
4 여정과 희망의 시간

## 마음의 창을 열어보며

　고백의 문장, 그리고 삶과 슬픔을 공유하는 이채로운 화법을 구사하는 현재, 우리는 자아의 도취해 소중한 문장을 잃어버리고 있는지도 모른다. 삶과 시적 주체에서 오는 다채로운 문체 온도는 변화와 존재 의식에서 벗어나지 못하고 고립적 현상 등은 나타나는 자유의 시 간격에는 모순이 억누르고 있어 방랑자의 고백이 되어가고 있는지도 모른다.

　시대적 풍경과 삶을 형상화한 서정의 시 세계를 조명해 보기로 한다. 시는 삶의 그림자를 그려내는 언어이고 간접적 체험에서 얻어내는 다양한 과거의 향유이기도 하다.

# 삶 속의 그려지는 인생, 그 아픈 노래

나의 사랑은 현재 진행형_김광숙 시집

## 1 그 영역에 서면

 첫 번째 시집을 상재하는 김광숙 시인의 시를 일별해보면 자연의 이치에서 남다르다는 생각이 든다. 인생, 감정 선상에서 삶의 대변해주는 역할이 있으며 자연과 소통하려는 시적 감정 등이 작가의 마음을 움직여 시를 창작하려는 원동력으로 작용하고 있음을 보여주고 있다. 어쩌면 자연과 더불어 살아가는 그 순수함은 서정시와 잘 어울릴 수도 있으며 시와의 소통 또한 인생이다. 시를 일별해보았는데 언어 묘사 등은 많이 부족하지만 나름대로 열심히 살아온 인생 철학이 있었다.

 요즘 시대적 흐름의 모티프는 오프라인이다 보니 수많은 작품 등이 인터넷 지면을 통해 쏟아지고 있다. 시의 저변 확대에는 큰 도움이 되겠지만 문학도에게는 피해를 받기도 한다. 독자들이 바라보는 시선이 따갑기 때문이다. 그러나 지금은 많은 문학의 주류도 다양함으로 우린 어떤 관념에 대한 견해가 필요한지 고민해야 할 시기이기도 하다. 시 쓰는 일은 감성만으로는 안되고 시적 성찰이 있어야 시를 묘사하는데 큰 발전이 된다. 시는 시상으로 오는 시적 감성과 철학의 언어가 있어야 시가 융합되고 문장의 통일성이 되었을 때 시인의 시로 주목받게 된다.

김광숙 시인의 『나의 사랑이 머물고 있습니다』 소박한 사랑입니다/욕심낼 줄 모르는 때 묻지 않은/순수한 사랑의 결정체입니다//그저 바라보기에도 벅찬 사랑이며/그냥 소소한 것에 행복을 느끼고/다른 사람들에게는 별거 아닌 물건이지만//제일 소중한 것을 내게 건네주는/해맑은 아가의 마음을 가진 사랑이며/짧은 시간에 깊어져 가는 사랑입니다//그런 사랑이 늘 같은 마음으로/매일 사랑을 줍니다/이별은 나와는 먼 것이라며/따뜻한 사랑 선물 같은 사랑을 줍니다. 『나의 사랑이 머물고 있습니다』는 자연의 이치 속에서 시인의 가슴이 작아짐을 느끼게 된다. 자연이 주는 의미에 감사함을 깨닫고 있으며 자연과 더불어 살아가는 것을 만족하며 행복해한다. 자신도 모르게 아침마다 마주치는 자연과의 사랑은 늘 첫사랑처럼 연민처럼 자리 잡고 있음을 말해줌으로 독자에게 궁금증을 해소하게 한다.

　내가 살아가는 삶의 가치를 보여주듯 시인이 가지고 있는 감성과 성찰이 기다려지는 것은 삶의 오감을 여과시켜 정제된 서정시 세계의 감미로운 영역 때문이다.


소슬바람 불던
그 어느 날 오후
철없던 시절 재잘거리며
친구들 사이에 끼여
수다 떨던 때가 마냥 좋았던 시절
밤이 깊어가는 줄 모르고
친구들과 시간을 보냈다


윤기영의 詩론집

다시는 돌아갈 수 없는 시간들
추억으로 가슴 한편에 남아있다

나이는 어쩔 수 없나 보다
옛 추억이 그리운 걸 보니
그때로 돌아갈 수만 있다면
딱 하루만이라도 가고 싶다

여름으로 가는 길목
늦은 봄비가 주적주적 내리고
옛 추억이 담긴 음악을 들으며
향 깊은 에스프레소 한잔으로
마음 달랜다.

「추억 소환」 전문

　김광숙 시인의 『추억 소환』 시는 지난 시간의 성찰이다. 시의 전개를 살펴보기로 하자. 어느 여름날 친구들과 지난 장소에 시간을 소환해 놓고 즐기고 있음을 말하고 있다. 이렇듯 현재와 과거는 시적 묘한 뉘앙스가 있는 것이다. 3단락에서 동심으로 돌아가고 싶다는 것을 제시해 주기도 한다. 친구들과 만남 속에는 커피 향이 진하게 지난 시간을 희석하고 있다.

　『나의 사랑이 머물고 있습니다』『추억 소환』 시상은 시인의 진솔한 삶을 그대로 보여주고 있다. 어쩌면 가슴에 남아있는 것들을 불러냄으로 나의 삶이 메아리 되어 함께 공존해 줌으로 시적 호흡을 통한 성찰로 시를 쓰는 원동력이 되어가고 있다. 계절이 주는 의미와 우주 만물의 이치를 잘 이해하는 시인의 자세는 시의 발전을 엿보게 하는지도 모른다. 시인은 한정된 공간에서 시적 울림이나 감성적 시가 가지고 있는 단어의 의미가 무엇일까? 질문을 던지며 상상 속에 잠길 때도 있지만,『나의 사랑이 머물고 있습니다』시처럼 작은 소망을 기다리며 자연과 더불어 삶을 배우며 이치를 깨우침으로 하여금 성찰하고 있으며 시의 언어를 터득하고 영혼을 발췌하며 마음에 해답을 찾기 위한 소통으로 여행한다.『추억 소환』을 통해서도 삶의 진리를 배우고 소박한 꿈을 찾아 나의 영역에서 벗어나려 열심히 소통하는 것을 보여주고 있다.

 다시『봄이 오면』꽃잎 편지지 만들어/그대에게 편지를 씁니다/우리 사랑하던 때를 떠올리며//고이 접어두었던 사랑이야기/꽃잎으로 하얀 백지 위에 나열합니다/아직도 기억의 모퉁이에 남아있는 추억들//힘들 때마다 위로를 해주던/이 편지를 받을 수 있을지 모르지만/어디선가 잘살고 있을 그대에게//그리움 한 가닥 꽃눈 나리는 봄날/그대 편에 바람 따라갈 수 있게/아직 지워지지 않은 사연도 함께 보냅니다.『봄이 오면』시인의 마음에는 꿈이라는 봄의 상징성이 늘 함께하고 있음을 은연중에도 보여주고 있다.

 다시『꽃이 피니 사랑이 옵니다』늘 빨간 우체통을 보며/기다렸습니다/오늘은 봄빛이 더 강하게/다가옵니다//준비를 해야겠네요/임이 꽃마차를 타고 오신답니다//제일 좋아하는 보랏빛 원피스를 입고/마중 가야겠네요//사뿐사뿐 걸을 때/신을 유리 구두 한 켤레 준비하고//반가운 임 오신다는데/예쁜 꽃향기 들고 오시는데//가슴 활짝 열어 놓고/폭 안아 줘야겠네요.『꽃이 피니 사랑이 옵니다』시인의 시상에서 말하는 것처럼 순환되어 돌아와 있다. 시를 찾아 여행하며 기다려지는 세상 이치에 감사하며 자연과 대화하며 연민처럼 살아가고 있음을 잘 보여주고 있다. 시인의 봄 마중은 어느 때보다도 분주해 보이는 것은 정서적으로 절실한 삶의 온도인지도 모른다.

『나의 사랑이 머물고 있습니다』『추억 소환』『봄이 오면』『꽃이 피니 사랑이 옵니다』의 시상을 보면서 시인이 가지고 있는 공통점 등을 발견하게 이른다. 시의 감성이 순수하고 시인이 가지고 있는 다양한 호흡은 시인이 가지고 있는 다양한 개성의 발견이며 창작을 통해 순수한 열정을 보게 된다.

시적 언어 묘사는 없지만 순수한 언어를 구사하는 진솔한 인간의 발견이기도 하다. 시인의 시를 감상하면서 서정시와 풍류 시를 이해하는데, 큰 도움이 된다. 삶의 긴 통로에서 얻어지는 진리와의 싸움은 외롭고 힘들지만, 시를 이해하려 들지 말고 스스로 터득하며 자연과 대화하며 살아가는 것도 참 좋은 발전이다. 긍정적 마인드가 있어야 시를 쓰게 하는 원동력을 잃지 않고 시와 소통하며 내 삶을 더 노력해야 하는 시적 감성 등을 잘 그려내고 있으며 따뜻하고 진솔함으로 소통하는 감성 시인으로 성장이 보인다.


## 2. 봄을 노래하는 연금술사

김광숙 시인은 봄이 오기까지의 동면의 시간과 만남은 여린 소녀 같기도 하다. 동면은 모든 만물이 생동하는 계절이기에 활기가 넘쳐나는 시기이다. 시인의 시에서 보여주듯 삶 속에는 문득 자연과 대화하며 성찰하고 인생 길목에서 둔탁한 세월의 소리로 위로도 받으며 때론 어린아이처럼 어리광도 부려보며 나의 삶의 일부인 희망의 메시지도 던져본다. 그렇게 자연으로부터 꿈과 희망을 노래 부르며 시인이라는 자리에 서서 희로애락을 즐기며 나름대로 성찰하며 살아가는지도 모른다.

 시인의 시를 잠시 살펴보기로 하자, 정서적 표상들은 진정성의 묘한 향기가 순환하는 시대적 잔상이다. 봄을 상징하듯 새로이 맞을 때마다 꿈과 희망의 메시지인지도 모른다. 자연과 더불어 소통하며 살아가는 시인의 정서가 보인다.

 『봄빛으로 오신 임』 시나브로 밀려오는 당신/어여쁘게도 단장하고 오시네요/오색빛깔 고운 저고리 입으시고/너울너울 오시네요//아직은 칼바람 매섭게 날을 세우지만/살살 녹는 봄빛의 사랑처럼/아무리 매서운 동장군이라도/마음을 내려놓습니다 등

『봄에 사랑을 그리다』 겨우내 숨어있던 하얀 하늘에/파란 물감으로 색을 입혀 본다/양털 같은 뭉게구름도 넣어주고//한 모퉁이에 테이블도 놓아 줄까/달콤한 꽃차 한잔 타 놓아야겠네/당신이 좋아하는 모카 라떼도 함께//어느새 왔을까/빈 가지에 새순이 돋기 시작하더니/솜털 같은 꽃잎이 날갯짓을 한다//어느새 비어있던 큰 나무도/봄빛이 가득한 사랑으로/톡톡톡 웃음꽃을 피우기 시작한다. 등

『꽃씨』 서정윤 시인/눈물보다 아름다운 시를 써야지/꿈속에서나 만날 수 있는/그대 한 사람만을 위해/내 생명

하나의 유리이슬이 되어야지//은해사 솔바람 목에 두르고/내 가슴의 서쪽으로 떨어지는 노을도 들고//그대 앞에 서면/그대는 깊이 숨겨 둔 눈물로/내 눈 속 들꽃의 의미를 찾아내겠지//사랑은 자기를 버릴 때 별이 되고/눈물은 모두 보여주며/비로소 고귀해진다/목숨을 걸고 시를 써도/나는 아직/그대의 노을을 보지 못했다//눈물보다 아름다운 시를 위해/나는 그대 창 앞에 꽃씨를 뿌린다/오직 그대 한 사람만을 위해/내 생명의 꽃씨를 묻는다/맑은 영혼으로 그대 앞에 서야지.『꽃씨』

『춘설 春雪』 정지용 시인. 문 열자 선뜻!/먼 산이 이마에 차라//우수절 들어/바로 초하로 아츰,//새삼스레 눈이 덮힌 뫼뿌리와/서늘옵고 빛난 이마받이하다//얼음 금가고 바람 새로 따르거니/흰 옷고름 절로 향기롭어라//옹송그리고 살아난 양이/아아 꿈같기에 설어라//미나리 파릇한 새순 돋고/옴짓 아니기던 고기입이 오물거리는,//꽃피기 전 철 아닌 눈에/핫옷 벗고 도로 춥고 싶어라.『춘설 春雪』

　김광숙 시인의 『봄빛으로 오신 임』『봄에 사랑을 그리다』 서정윤 시인의 『꽃씨』 정지용 시인의 『춘설 春雪』 등을 보면서 과거와 현재의 시상들이 얼마나 달라지고 있나 관찰하는 시간적 여백을 그려 보았다. 시상 내용은 다르지만 봄을 상징하는 흐름에 대한 성찰에서 삶과 인생이라는 공통점을 발견하게 된다. 김광숙 시인은 시간적 봄을 기다리는 작은 소망이 있다면 서정윤의 꽃씨와 정지용의 춘설은 나름대로 시적 상징이 잘 나타나 있는 시들이다. 시대적 삶이든 현재의 삶이든 시인은 그 진솔한 삶을 그려내는 성찰 되어야 오랫동안 독자로 하여금 사랑받게 된다. 그래서 우린 독자와의 기대감에 의지하며 진리를 찾아 창작하고 있는지도 모른다.

 시인의 마음을 통해 얻어지는 감성적 차이를 바라보며 얼마나 삶이 각별한지 실감하게 하는 자연의 소리를 듣는다. 순수하고 아름다운 감성으로 노래하는 시인의 감성 연금술사에 다시 시의 호소력과 시의 깊이를 확보하고 있는 (독자)의 마음으로 돌아가 또 다른 인생 삶의 성찰해 보자.


봄 끝자락 여름으로 달리고 있다
꽃이 피었는지 졌는지도 모른 채
그렇게 봄은 이별준비를 하고 있었다

천국으로 가는 길 하얀 금빛 가루의
융단이 펼쳐지고 꽃길이 열리기 시작했다
꼭꼭 숨어 보이지 않던 목련의 우아함도 보이고

수수꽃다리의 청아한 빛을 보여주며
봉긋 연분홍 입술 쭉 내밀며
유혹하는 모습도 눈에 띈다

유난히 길었던 어느 봄날
사랑의 빛이 보이기 시작했다
싱그럽게 가슴으로 스며들어오면서

　　　　　　　　　　　「유난히 길었던 봄」 전문

처마 끝에 보랏빛 드레스를 입고

이른 아침부터 기다리는 그녀
그 자체만으로도 섹시하게
짙은 화장을 하고
묘한 눈빛으로 바라보다

나와 눈이 마주쳤다
화려함 속에 숨어있는 수줍은 미소가
유혹의 눈빛을 날린다
그녀의 속내가 보인다
심장이 야릇해지는 순간이다

「아침에 만난 그녀」 전문

시선 집중 심장이 멎는 순간
만지면 부서질 듯 가녀린 실루엣
눈으로만 보기에는
가슴속이 채워지지 않는다

가슴으로 안으면 금방이라도
녹아내릴 것 같은 꽃잎
핑크빛이 사랑할 수밖에 없는
향기로 취하게 만든다

「사랑할 수밖에 없는 그대」 전문

　김광숙 시인은 자연이 주는 사색의 창을 발견하며 인생이 남다르게 보인다. 세 편의 시에서 보여주는 봄의 여정이 아름답게 수놓고 있다. 그 감성 속에서 사경을 헤매듯 그림을 그리는 삶이 진정한 삶의 노래이며 후회 없는 삶이란 질문에서 자연의 이치는 봄을 상징한다. 기다려지는 삶들이 마음의 꽃으로 환기하고 있으며 시를 통해 진리를 보고 있다.

『유난히 길었던 봄』『아침에 만난 그녀』『사랑할 수밖에 없는 그대』 세 편의 시에서는 시인과 밀접한 관계를 유지하고 있음을 다시 보여주고 있다. 시인과 사물 사이에 잠재되어있는 연관성이 공감을 끌어내는 다양한 역할을 해줌으로써 내면에 잠재된 언어를 환기해 줌으로 봄은 더 기다림과 아쉬움으로 물들어가고 있다.

1부.『나의 사랑이 머물고 있습니다』『추억 소환』『봄이 오면』『꽃이 피니 사랑이 옵니다』는 삶과 자연의 이치에서 끊임없는 성찰을 통해 소통의 창을 만들어 줌으로 순환하며 감성을 자극하게 하는가 하면.
2부.『봄빛으로 오신 임』『봄에 사랑을 그리다』『유난히 길었던 봄』『아침에 만난 그녀』『사랑할 수밖에 없는 그대』 다섯 편의 시상을 통해 새로운 사실을 발견하게 된다. 시인이 가지고 있는 다양한 감성들을 소통의 창으로 끌어내 소유하고 있음을 발견하고 있었으며 수많은 방식의 소통으로 살아가는 여정에는 꽃향기와 바람 소리 등을 거리에 두고 감지하며 직시하고 있음을 보여주며 시와 여행하고 있음을 암시하고 있다.

## 3. 자연의 이치와 삶의 의미는 무엇인가

이제 김광숙 시인의 초기 시에서 보아온 언어의 정제미와 소통의 사물을 접어두고 지금까지의 인용한 시에서 의

미와 그의 개성이 있는 또 다른 주류에서 질문을 던지며 조명해 보자. 시의 율격이나 시의 형성 과정을 보면 사물 인식 체계가 있다. 즉, 내면 의식과 객관적 사물 인식이 관객 적으로 잘 나타내고 있다는 것이다. 치열한 현실 인식은 적응하기 위한 독백 구조로 시와 타협하며 나름대로 삶을 성찰하며 사는 것 같다. 가끔은 현실을 들여다보고 호소력 있는 언어 묘사와 시의 개성을 살려 독창적으로 노력하고 있음을 보여주고 있다.

『시작의 알림』 아름다운 시작의 알림/사랑하는 나의 사람아/당신을 만나 참 행복합니다//사랑의 향기가 바람을 따라/꽃향기 속의 사랑을 안고/만남 속에서 인연의 향기를 채우리//내 마음이 사랑하는 동안/인생의 흐뭇한 향기 마음의 향기를/사랑스러운 그대에 뿌려주리다//사랑하는 사람아/우리 초심을 잃지 말고/사랑의 향기로 채우자//따뜻한 가슴으로 품어주고/아름다운 사랑을 그대에게/듬뿍 주리라 『시작의 알림』의 시에서는 마땅히 거쳐야 할 숙제지만 인연은 영원하다는 것을 보여주고 있다. 우린 삶의 풍경에 소박함을 느끼며 자유롭게 사는지도 모른다. 우린 자연의 이치를 바라보며 내가 늙어가는 지난 시간을 후회하곤 하는 게 인생의 참맛인지도 모른다. 시인이라 얼마나 다행이든가 과거와 현실을 여행하고 있으니 말이다.

다시 『하루 끝에』 저녁놀 빨갛게 물드는 저 끝에/나의 하루와 당신의 하루가/함께이길 바랍니다//오늘도 끊어진 안부를 기다리며/연락 끊긴 빈 전화기만 바라봅니다/그대가 없는 내 삶에 공간이/이렇게 크게 느껴질 줄 몰랐습니다//가슴이 너무 아파서 어깨를 필수 없을 만큼/그대를 향한 내 감정은/어느새 사랑이 되어 깊어질수록/그대가 갈증이 나고 더해질수록/그대가 허기가 집니다//오늘도 내일도 기약 없는 시간을/기다려봅니다/아무리 없듯이 방긋 아침 안부를 물으며/올 날을 기다립니다.『하루 끝에』는 시인이 살아가야 할 고단한 삶 등이 직설적으로 보여지기 시작한다. 하루하루 보여지는 일상은 자아 인식으로 탈바꿈하고 있을 보여준다. 이제 자신도 모르게 시어 속에 자신이 벗어날 수 없다는 것을 암시하고 있다. 이렇듯 시인은 사물을 통해 오감을 느끼고 성찰하며 글로 표현하니 얼마나 좋은 직업인가 늘 가슴에 도사리고 있는 언어를 글로 풀어 놓을 수 있는 사물의 주인도 시인이 아니던가 시인의 성찰은 자신의 삶을 제시해 준다.

『시작의 알림』『하루 끝에』을 통해 자아 인식은 순례라는 인생의 전환기를 맞이하는 시적 사색은 감성 시인으로 정확하게 드러나고 있다. 하루 눈뜨면 일상이 되어가는 언어의 소통은 오감으로 현실에 부응하고 있음을 발휘하게 이른다, 그 중심에는 시인이 하고자 하는 시의 영역에 소통을 공존하고 있음을 보여준다. 자유로운 서정의 감성 꽃을 피워볼 일이 아니겠는가.

이처럼 시인의 마음에는 영원히 떠나지 않는 시적 감성을 통해 시를 적는 일이 일상화되어가고 있음을 보여주는 것 또한 독자와 소통하는 영역을 확보하고 있음을 보여주게 이른다.

아침에 눈을 떠 시작하는 순간부터
하루를 마무리하는 시간까지
어떠한 하루가 허락될지 모르는 시간들도

윤기영의 詩론집

당신의 삶이기에 사랑하고 싶습니다

내가 그대를 사랑하기에
내가 짊어지고 갈 삶이기에
설령 아픔이 머물지언정
그 또한 내가 품고 갈 사랑입니다

붉은 노을이 아침을 열어주고
황금빛 노을이 우리의 삶을
마무리 해주는 것처럼
그대는 소중한 보물입니다

사계절의 시간이 흐르는 동안
난 그대만 바라보려 합니다
그대 또한 나와 같은 생각이기에
함께 하려 합니다.

「당신의 하루를」 전문

아침에 눈을 뜨면 제일 먼저
그대에게 안부를 묻는 시각
어제와 또 다른 하루의 선물이
우리를 기다리고 있습니다

오늘은 어떤 추억을 만들까요
오늘은 어떤 재미난 이야기를 만들까요
행복한 고민에 빠지는 이 순간
행복은 멀리 있는 게 아니라는 걸 아시는지요

내 주머니 안에 달콤한 사탕처럼

나와 동행한다는 사실 느껴 보세요
지금, 이 순간 그대와 내가
함께 바라보는 것이 행복이라는 것을요

「행복」 전문

  김광숙 시인의 「당신의 하루를」「행복」의 시는 무리 없이 잘 익히는 시어들이다. 흑과 백이 뚜렷하게 느끼듯 삶의 환경에서 함께 공존하며 살아가고 있음을 제시해줌으로 시간적 흐름은 전형적인 시의 오감에서 오는 온도 차가 교차하고 있다. 시의 정신이 무엇인지 터득하고 있음을 보여준다. 서정시의 시어 선택과 언어의 전문성을 보여주고 있는 연결 문장을 발견하게 된다. 전체적으로 문장을 이끄는데 수행 역할을 잘하고 있으며 비유를 통한 풍자, 은유를 통한 반어법 등으로 영감을 얻어 묘사하고 있음에는 부족하지만, 시인의 성찰은 특유할 만큼 남다르다고 본다. 자기만의 특유한 문체에 질문을 던지며 시를 쓰려는 그 열정에 있다고 봐야 한다. 지금 시인이 추구하고 지향하는 시 방향을 다시 진지하게 논의할 시간이다.

  『나는 행복한 여자』〈사색하기 좋은 날씨/갈바람이 심장에 소곤거린다〉 1단락에서는 심장에 소근 거린다라고 말하는 것은 이미 맞이하고 있음을 보여준다 〈우리 사랑하면 안 될까/예쁜 사랑만 줄게요〉 2단락에서 다시 반복적으로 안도감을 보여 줍니다. 〈일하는데 이 계절에 맞는 선곡이 흐른다/해바라기의 이제는 사랑하고 싶어요〉 3단락에서도 지난 추억을 소환하며 가을이 성큼 왔음을 말해 줍니다. 〈얼마나 아름다운 고백인가/오늘은 달달한 음악으로 힐링한다〉 4단락에서도 가을을 준비하는 마음은 여느 때보다 진지한 욕망으로 기다려지는 시간을 보여줍니다. 그렇듯 시에서 주는 의미는 여러 경로를 통해 얻어지는 성찰이다. 인생과 자연의 이치에 펼쳐지는 현실에 대한 애착 등이 인생을 이끌고 가는 전환점에 도달해 있다.

『시작의 알림』『하루 끝에』『당신의 하루를』『행복』『나는 행복한 여자』 등을 통해 진정한 삶의 무엇인가 제시해줌으로 꽃이 피고 지는 계절을 통해 여과 없이 자신의 이치와 삶이 주는 의미를 사물과 소통하고 있는지 절실하게 보여주고 있다. 시에서 보여주는 시상은 자기중심의 존재론에 천명하고 있음을 일괄하고 있다. 시에서 끊임없이 대두되고 있는 자연과 소통 그리고 인간 존재에 대한 질문은 삶과 자연이 주는 틀 속에서 내가 하고 싶은 말을 표현하고 있는지도 모른다. 여러 시의 제목에서 보이듯이 그가 인생 소통에 대한 성찰을 호소하고 있는지 시의 그늘에서 얼마나 많은 주제를 택하며 직시하고 있는지 봐야 한다.

### 4. 사랑은 진행형이다

　삶의 방식과 자연의 이치를 이해하는 데 오랜 시간이 걸리지 않는다. 서정시의 바탕에는 계절이라는 아름다운 정서가 있어 시인들에게는 언어의 마술사라고 불리는 언어가 사물로 자리 잡았기 때문이다. 즉, 시들의 세계는 즉흥적 생각에 해당하는 시이다 생각으로만은 깊은 사유가 없고 노력과 깨달음만으로도 시가 만들어지는 것은 아니다. 시어들은 즉 생각으로 인용한 언어의 표현 방식이다.

김광숙 시인의 『나의 사랑은 현재 진행형』이다는 독자와 소통하는 시집이 되었으면 한다. 잠시 그가 가지고 있는 시의 감성으로 다시 들어가 보자.


오래된 느낌처럼 다가온 그대
그 익숙함에 스며듭니다

바람결에 날리는 짧은 머리카락에서
당신의 향기가 느껴지고

빙그레 눈웃음 짓는 눈가에서
그대의 마음이 느껴집니다

따스한 햇볕이 스며드는 창가에서
커피 한 잔 마시는 동안처럼

그대와 함께 있는 것 같은 느낌
너무 행복한 순간입니다.

「당신이 참 좋습니다」 전문

그립다
눈가에 눈물이 촉촉이 젖는다

그냥 내 심장 안에 사는 사랑
볼 수도 두 손으로 만질 수도 없다
그냥 뜨거워지는 가슴으로만 느낄 수밖에

날이 또 얼마 남지 않았네
엄마 기일이 다가오니
엄마 향수가 더 짙게 다가온다

엄마 좋아했던 꽃 비누 사러 가야겠다
엄마 향수 느끼러 가야겠다,

「오늘처럼 그리움이 스며들면」 전문

 김광숙 시인은 시를 통해 자신의 삶을 되돌아보는 성찰이 돋보이고 있다. 자신의 의무와 책임감이 시에서 긴 침묵을 깨고 다채로운 빛을 오감으로 보여주고 있다.

『당신이 참 좋습니다』와 『오늘처럼 그리움이 스며들면』 등이 보여주는 시상은 어쩌면 가슴에 묻어놓은 시어가 세상을 그리워하며 목놓아 부름을 받았는지도 모른다. 시인의 가슴에 소용돌이치는 암시의 시간은 가슴으로 진하게 흐르는 전율의 한계를 절실하게 보여준다.


참 많은 세월이 흘렀습니다
그때는 몰랐습니다
나이를 먹고 철이 들면서 알게 되었습니다

당신은 내 마음이 사랑하는 사람이란 걸
이만큼 살아온 지금까지 한결같은 마음으로
사랑을 부어 주던 당신
늘 그 자리에서 함께 기다려주신 당신
늦지 않게 깨닫게 해줘서 고맙습니다

그리고 사랑합니다

소풍 가는 기분으로
삶의 여정을 즐길 수 있게 해줘서
감사합니다.

「당신은 제 마음이 사랑하는 사람」 전문

 김광숙 시인은 『당신은 제 마음이 사랑하는 사람』을 제시해줌으로 인생, 그 아픈 기억이 그대로 시로 보여주고 있다. 수많은 순환을 통해 시인이 말하고자 하는 그리움의 대상이 시를 통해 세상이 빛이 되고 그 빛을 통해 얻고자 하는 시적 감성들이 또 다른 장르로 동행하고 있음을 말하고 있다.

 『당신이 참 좋습니다』『오늘처럼 그리움이 스며들면』『당신은 제 마음이 사랑하는 사람』를 통해 승화되어 가는 과정을 지켜보고 있다. 김광숙 시인의 시는 가족 중심의 아름다운 계절에서 오는 소통의 성찰이며 인생의 삶에서 그려지는 순수한 서정시다. 시인은 철이 들면서 가족이 얼마나 중요한지 깨달음을 던진다.

 이제 김광숙 시인의 시 해설을 마무리할 때가 된 것 같다. 시인의 시는 직관적으로 생각대로 투시하고 있음을 공식화하고 있다. 시인은 감성에서 오는 소통을 통해 심미안이 펼쳐지고 사물을 통해 감성적 오감이 형성되어 순수한 열정에서 얻어지는 진리와 열매를 맺으려 노력하는 시인으로 승화되어 가는 과정에 인간사의 변주곡이 되어 간다. 시인은 이러한 과정을 통해 발전하는 시법을 인식하게 된다.

윤기영의 詩론집

김광숙 시인의 시는 자연과 소통해서 얻어지는 순수한 서정시이다. 감성의 대상과 오감 등은 시적 구조들로 일치된 모습을 엿보게 한다. 시의 이미지 발견은 지성과 감각이 항상 동행한다는 뜻이기도 하다. 시인의 통찰력을 기대해도 될 것 같다. 삶과 자연을 사랑하는 서정시인으로 발돋움하는 시인이 되었으면 한다. 시의 내면에 잠재한 진실을 분사하는 서정적 시 정신을 발양하고 있어 앞으로 발전할 수는 그림이 그려지는 시인의 정신을 높이 평가한다. 최선을 다하는 시인이 되길 바란다. 시집 출간을 축하한다.

# 행복한 비밀의 순례자
### 행복한 비밀_(송연화 詩集)

## 1 자연이 주는 혜안

 시 창작에 있어 막중한 소명감으로 일생의 밑그림을 그리고 있는 감수성은 혜안으로 그려지는 자연의 이치에 인생의 역경과 보람이 생존하고 있다. 자연의 소리를 이해하려고 빛을 찾아 바람의 소리를 듣고 오감을 승화로 예시해 줌으로 정체성을 창조하고 있다. 한 편의 시가 되고 삶이 되는 이야기 구성들이 세상 밖으로 나오고 있다.

 여기 송연화 시인의 열 한 번째 시집을 일별해보면 시적 감성이 남다르고 자연과 더불어 공존하며 살아가고 있음은 또 다른 열정이 있다는 것을 시에서 보여주고 있다. 자연의 이치를 그려놓은 인생 역경 등을 직시해 줌으로 진솔한 갈등 구조를 정서적으로 보여줌으로써 지금까지 삶을 보상받으려 하는지도 모른다. 자연이 주는 삶의 연결고리는 새로운 희망을 제시해 줌으로 삶에서 직접 오는 갈등 구조의 전환이라고 봐야한다. 시 창작에서 이어지는 사물과 밀접한 상호 작용들은 시를 쓰는 원동력으로 만들어지고 감수성은 글이 되어 다양한 변화를 겪는다.

 시 문단에 주류를 잇는 많은 작품이 쏟아지면서 시란 정말 무엇일까? 라는 질문이 쇄도하고 있다. 진솔한 삶에서 보고 느끼는 성찰 등이 주류를 잇는 지금 시의 정체성에 대한 다양한 논의가 필요한 시점에 와있는 것 같다. 사물을 바라보는 시인의 성찰을 통해 얻어지는 다양한 정체성은 서로 다른 시각으로 울림을 줄 수 있다. 시인은 삶의 이치와 호흡으로 나열해 줌으로 습작을 통해 얻어지는 가공된 작품을 보여주는 것이 독자와의 예의이다.

그는 [행복한 비밀//마음속 깊이 새겨놓은 비밀 하나/몰래 꺼내어 툭 던졌더니/무지갯빛 고운 색깔로 물든다//마르지 않는 촉촉함으로/어색하지 않은 달콤함으로/가슴에 연민처럼 핀다//생각으로도 즐겁고/나눔으로도 기쁨 되는/매일매일 벅찬 기다림의/행복한 비밀 하나//내일은 어떤 모습일까/오늘은 어떤 색으로 보일까/무지갯빛 사랑을 찾는다]("행복한 비밀」 전문) 인생에서 얻어지는 행복한 비밀은 심미안을 그려놓고 있다. 행복은 매일 자연의 이치를 깨닫고 삶의 정원이 가슴에 존재하고 있다. 오감은 자연이 주는 혜안으로 희망을 노래하고 자연이 주는 미감은 봄을 행복으로 문을 열고 있는 비밀의 동행이다.

또 하나의 삶으로 얻어지는 인생의 노래가 꽃이 피기까지의 전개 과정이 기다리고 있어 시인의 인생을 살펴보기로 하자.

인생을 비상해본 일이 있나
저 달빛은 나와의 소통 공간
그리운 사람에게 무지개를 그리며
강물에 유유히 떠나보낸다

가끔은 기쁨으로 춤을 추고
가끔은 그리움에 쏟아 놓은
결정체 같은 애달픈 마음
사연을 담아 돛단배는 흘려보낸다

한순간도 멈춤 없이
풀잎을 부여잡고 흐느끼며
태풍과 싸웠던 희로애락은
비정의 무기가 되어
꿈을 향해 돛을 내려보련다

아름다운 여정의 선물
굽이굽이 돌고 돌아가는 길
파란 바다로 푸른 숲으로
내 인생의 문을 열어놓고
행복한 여행 즐겨보련다.

(「인생 여행」 전문)

  시인의 심미안은 긍정적 마인드에서 시작되고 있다. 자연에서 얻어지는 소통의 주제 시간적 흐름을 예시해 줌으로 삶은 즐겁게 만들어 가려고 많은 노력이 글에서 그려지고 있다. 이미 준비된 인생 역경에는 자연과 더불어 만들어져가는 과정일 뿐이다. 그렇듯 시인의 감성에는 인생의 결정체 들이 희로애락으로 아름다운 여정을 준비하고 있다.

윤기영의 詩론집

다시 그는 [나의 인생길//들꽃 계절을 닮아가는 여정/돌고 돌아가는 인생길엔/자꾸 나이가 들어가는 이유/버리고 또 버려보지만 오후 6시//이제는 은은한 커피 향처럼/오래도록 사람들의 기억 속에/표정 안의 사람이고 싶어라/때론 밖의 사람이고 싶을 때도 있다//단풍이 물들어가는 계절/왜 쓸쓸함이 묻어나는 건지/내 인생도 가을로 입성했는데//후회를 남기지 말자/고인 물이 되지 말자/향기로운 삶에서 봄을 기다리듯/가슴에 넣고 사랑하면서/지상에서 가장 아름다운 그대와 살아가리](「나의인생길」 전문) 시인의 마음에서 그려지는 인생은 지금까지 걸어온 길을 되돌아보며 돌다리도 두드리며 걷고 싶은 마음에서 오는 정서이다. [오후 6시] 시인은 60년이란 세월을 그려내고 있다. 사랑하는 사람과 가을 정취에 취하고 싶고 오색으로 들여진 아름다운 행복의 밑거름이 인생길을 펼치고 있다.

## 2 자연과 삶 그리고 성찰

송연화 시인의 시에서는 계절을 통해 얻어지는 진리이다. 자연을 스스로 이해하기보단 계절의 이치에 내가 있음을 말하고 싶어한다. 인생에 대한 성찰을 노래하는 것은 오감에서 오는 감정일 수도 있다. 자연과 소통은 내 가슴에 맺혀있는 감성을 꽃처럼 만개하고 싶은 희망을 독자와 소통하고자 한다.

시인의 인생 속에는 일과 성찰에서 얻어지는 과정을 통해 일상의 따뜻함이 보여진다. 글이 중요한 것은 문장이지만 인간사에서 보여주는 것은 자연과의 성찰이다. 시적 사유를 자연과 호흡해 줌으로 자연을 이해하고 그 이해 과정에서 얻어지는 삶의 노래는 자연과의 연결성이 주는 의미 그 관계를 진솔하게 소통있다. [나태주 시인_멀리서 보다] [용혜원 시인_황혼까지 아름다운 사랑] [정연복 시인_인생] 시의 주류도 자연이 주는 이치와 황혼의 여행 그리고 인생을 그려내고 있다. 시대적 배경을 독자와 소통하고 있다는 것이다.

 다시 그는 [애련의 봄//아지랑이로 너에게 가고 싶다/꽃샘추위에 야윈 맵시/꽃망울 피우지 못해/애련한 눈물방울 맺힌다//바람이 지나간 포근한 사랑/따스한 햇살이 넘칠 때면/겨울이 남겨놓은 따뜻한 얼굴/화사한 내음이 온 누리에 풍기려나//끝없이 스쳐 가는 임의 소리/애타게 기다리는데/저만치 달려가는 흔들림에/고운 눈물 훔치네//애처로워 어쩌랴/사랑꽃 활짝 피우는 잎새에/빛나는 외로움 입맞춤하고픈데/봄은 참 얄밉다] (「애련의 봄」전문) 시인의 오감은 겨울을 견뎌낸 사물을 바라보며 애잔함을 소통하고 있다. 꽃이 피기까지의 과정에서 바람 소리를 듣고 눈보라의 계절을 보며 인생과 자연이 이치 무엇하나 다를 바가 없음을 성찰하고 있다. [바람이 지나간 포근한 사랑/따스한 햇살이 넘칠 때면/겨울이 남겨놓은 따뜻한 얼굴/화사한 내음이 온 누리에 풍기려나] 말하듯 이미 꽃은 피고 있었다. 시인은 봄의 관조를 확보하고 있고 봄처럼 많은 사람들과 꿈과 희망을 소통한다.

길가에 보랏빛 희망이
좁은 마당 모퉁이를 지나
마음에 봄이 피어올라
희망과 꿈을 심는다

햇살은 선물처럼 내리고
보이지 않는 곳에서
생명력을 느낄 수 있는 파종
봄은 항상 정성을 다하게 한다

봄이 오는 이 밭은
매일 찾아오는 일상이지만
나름 웃고 보람을 느끼는 농촌
되돌아보면 낯익은 작년 것을
봄은 이렇게 희망을 준다

풍년은 쉬이 오지 않는다
농부가 일한 만큼 주는 순리
건조함은 정성으로 돌보게 하고
사랑은 선물처럼 세월만 준다.

(「옥수수 파종」 전문)

 송연화 시인은 옥수수 파종을 통해 삶을 성찰하고 자연과 소통하고 있음을 보여주고 있다. [길가에 보랏빛 희망이/좁은 마당 모퉁이를 지나/마음에 봄이 피어올라/희망과 꿈을 심는다] 1)단락에서는 소통하듯 봄은 희망이며 파종은 삶의 결실이다. 그렇게 시인은 파종을 통해 보랏빛 인생이 시작되고 있음을 말하고 있다. [햇살은 선물처럼 내리고/보이지 않는 곳에서 생명력을 느낄 수 있는 파종/봄은 항상 정성을 다하게 한다] 2)단에서는 햇살은 우주가 되었다. 봄의 태동으로 생명력이 시작되듯 파종도 자연과 똑같다는 것을 제시해 준다. [봄이 오는 이 밭은 매일 찾아오는 일상이지만/나름 웃고 보람을 느끼는 농촌/되돌아보면 낯익은 작년 것을/봄은 이렇게 희망을 준다] 3)단락에서는 봄을 맞이하는 한결같은 마음이라는 것을 성찰로 보여준다. 되돌아보며 작년의 기억은 봄의 시작으로 희망을 준비하고 있음을 말해주고 있다. [풍년은 쉬이 오지 않는다/농부가 일한 만큼 주는 순리/건조함은 정성으로 돌보게 하고/사랑은 선물처럼 세월만 준다.] 4)단락에서는 농부의 마음을 파종하고 있다. 풍년은 주어진 만큼 온다. 그만큼 농사에도 정성이 필요하다는 것을 보여주는 것은 농사에 대한 노력도 시인이 글을 쓰는 것처럼 성찰하는 노력이 없으면 독자와 소통하기 힘들다는 것을 보여주고 있다.

그가 부르는 [꽃잎 여행//봄은 피어나는 가슴/그 가슴에 내리는 빗물에/맑게 씻긴 꽃잎들/애잔하게 여행을 떠나네//하얀 꽃잎의 그리움을/나뭇가지에 매달린 꽃잎의 눈물/하나둘 흩어져 떠나도/항상 꽃처럼 새로워져라//추운 겨울을 이겨내고/꽃의 향기로 대지의 눈이 된/너에게 묻고 싶다//봄이 오는 이 대지에서/빗물 따라 동행하고 싶다.] (「꽃잎 여행」 전문) 시인이 말하는 [꽃잎 여행]에서는 4)단락으로 시인의 마음은 꽃잎에 비유되어 있다. 매년 맞이하는 봄이지만 새로운 희망이 시작됨을 노래하고 다시 자연의 이치를 조명해 줌으로 서정의 연결이 발현되고 있다.

## 3 행복이 주는 그리움

 송연화 시인이 그토록 부르는 노래는 자연이 주는 행복한 선물이다.

계절이 주는 변화 속에서 슬픔과 고단한 삶의 역경들이 상징처럼 자리잡고 있다. 일에서 얻어지는 기쁨과 희로애락을 즐기며 긴 세월 도취되어 사물을 통해 얻어지는 성찰은 글을 쓰는 원동력과 그 자리를 소통이란 주제로 공존하고 있는 지도 모른다. 눈 뜨면 함께하는 만물들 그것이 내 삶이고 인생이라고 시에서 던지고 있다.

 그는 [별꽃 피는 밤//달빛마저 기울어져 버린/어슴푸레한 새벽녘/오래 보지 못한 찬바람만/두 볼을 가른다//유난히 반짝이는/밤하늘의 별꽃/어느 임의 눈망울을/기다리고 있음일까//보고파서 기다린 건지/매일 밤 속임 없는 눈으로/집으로 돌아오는 길/너와 나 눈 맞춤은 힘이 된다//오늘 밤은 다른 영혼이 될 것이다/어둠에 밀려오는 온갖 시련들/목 놓아 꺼이꺼이 풀어헤쳐/울어 버릴 것만 같다] (「별꽃 피는 밤」 전문) 인생 속에는 말로 표현하기 힘든 나날도 있다. 그렇듯 파노라마처럼 떠오르는 현재와 과거의 변화 속에서 우주의 밤은 신비스러움 그 자체일지도 모른다. 나 또한 이 세상에 없을 때 지금처럼 별을 바라보며 말하고 있을지도 모른다. [이해인 시인_별을 보며] 많은 독자의 사랑을 받은 시인으로 자리 잡고 있다.

이처럼 시인의 정서에서 오는 간결한 목소리를 공감하는
영역을 확보해 줌으로 소통하게 된다.


햇살이 바람을 가르고
들녘의 노란 물결들은
참새들 쪼아대는 아픔을
애써 견디고 있다

가을 햇살이
예쁘게 내려앉은 장독대
빛 바람에 반짝이고
따스한 온기에 숙성된다

들깨 밭에선 내 나이가 어때서
들썩들썩 미소 짓게 한다
엉뚱한 그 사람 때문에
참새가 나이를 몰라 대답을 안 하고
발걸음을 뚝 멈추었다

신선한 발상에
또 하루 즐겁게 시작함이다
고단한 삶의 언저리
싱싱한 생각들이 웃음으로
가을이 보이지 않네.

「이 아침에」 전문)

윤기영의 詩론집

송연화 시인의 시는 자연의 이치와 인생의 밑그림이 그려지는 모티브이다. [이 아침에]는 지금껏 살아오는 경험에서 오는 문학적 자산이다. 시인은 가을을 맞아 농부의 풍요로움과 넉넉한 마음을 자연이 주는 약속이라 말한다. 자연은 인간과 연민함을 담고 있다. 인간이 갖고 있는 가장 순수한 본성은 시인의 마음이다. 그렇듯 농사를 통해 얻어지는 가을 행복은 꿈과 희망으로 따뜻한 햇살처럼 마음에 내려앉는다.

　또 그렇게 [인생 열차] 길에는 아직도 멈추지 않는 나의 미래를 제시해 줌으로 내가 살아온 인생의 길을 돌아보고 거울에 비추어 보며 내 인생은 행복을 설계하는 진행형이라고 말하고 있다.


인생의 길은 비포장이다
희망과 꿈을 가득 싣고
울퉁불퉁 달려온 육십 고갯길

보이지 않는 상처 끌어안고
시련의 아픔 눈물로 엔진을 닦으며
어둠의 긴 터널 지났지

이런저런 사연들 속에서도
꽃은 피고 지는 가장 어두운 시절
바람에 갇혀 지나온 정거장

아무것도 붙잡을 수 없는 허공에
우주는 어둠을 끌어안아 주셨다
내 마음에 꽃을 피우며 달려온 이곳
흔들리던 숲은 지워지고 갔다.

「인생 열차」 전문)

 송연화 시인은 이제 [인생 열차]에 올라 내 인생의 여정이라고 말하고 있다. 계절을 넘나들며 행복의 노래가 내 인생이라고 부르고 있다. 봄과 여름 가을을 통한 소통의 공간은 내 인생의 전환점이 고스란히 글로 내포되어 눈가를 촉촉하게 적시는 삶, [아무것도 붙잡을 수 없는 허공에/우주는 어둠을 끌어안아 주셨다/내 마음에 꽃을 피우며 달려온 이곳/흔들리던 숲은 지워지고 갔다]는 물음표는 시인이 만들어 놓은 성찰이다. 「별꽃 피는 밤」 「이 아침에」 「인생 열차」는 시인의 인생 철학이고 자연과 함께 공존하며 소통하는 장은 시적 사색의 모티브이다.

 자연이 주는 계절 변화를 보며 [가을 장미//내 눈으로 어둠을 지우고 오는 동안/빨강 그리움을 한 아름 토해 놓고/내 몸으로 들어서 배시시 웃는다//기억을 멈추어 버린 자리/가을이 쓸쓸하기만 한 것은/담장에 꽃피운 계절이 미웠다//누군가 지나간 자리가 찾아왔네/보고 싶어 왔을까/얼마나 많은 인연을 만들어 왔는가//장미 향기에 고개를 돌리는 사람들/그 봄 때늦은 장미꽃처럼/너의 향기에 저물고 싶지 않다/떠나지 못하는 계절을 들여다본다] (「가을 장미」 전문) 인생도 그러하듯 자연의 이치도 때론 변화가 필요할 수 있다는 것을 제시해 줌으로 가을 장미가 주는 인생은 많은 것을 부여하고 있다. 시에서 장미는 아름다움 여인이고 가을은 남자와 나이로 비유 또는 은유로 사용하고 있다. 그래서 가을 장미가 주는 의미는 남다르며 가을에 피기까지의 변화로 겪어야 하는 이치에서 시인의 정서를 들여다보는 시간이 더 필요하다.

## 4 행복의 비밀 승화를 돌아보며

행복한 비밀은 송연화 시인의 인생 여정이라 말하고 싶다. 시에서 보여주듯 자연의 이치와 공존하며 소통하는 시인의 자세는 언어에서 주어지는 한계와 사물을 통한 성찰로 얻어지는 삶의 온도는 따뜻하다. 봄을 시작하는 마음가짐과 여름을 통해 가을까지의 인생 열차에는 희로애락이 함께 공존하며 노래하고 있다. 시간은 태풍으로 부둣가에 정박해 있는 배처럼 세상도 정도의 길에서 자연은 하는 만큼 행복주는 비밀 창고라고 애틋함을 절기마다 다양한 자연의 세계를 보여주고 있다.

송연화 시인은 행복한 비밀 공간에 저장되어 있는 [?]를 던지며 부족한 글이지만 진솔하게 소통하며 공감의 영역을 확대하고 있다.

그 [반딧불]//어스름 저녁 뒤 안뜰/날아와 앉은 불들//공해와 환경오염으로/보이질 않았는데/꽁지 파란불 달고 훨훨//1-2 단락에서처럼 환경의 변화를 보여주는 것은 현실을 직시해 준다. 우리내 삶이 얼마나 온유 화로 환경이 변질되어 가고 있음을 말한다. [새록새록 어릴 때 생각/불

현듯 떠오르고/살그머니 번져오는 혼자 웃음//친구들과 어울리던 개똥벌레/눈썹 파란불 붙이고/숨바꼭질 진돌이/보고 싶은 친구들] 3-4 단락에서도 지난 추억을 소환한 것은 반딧불 속에서 자랐던 성장기 시절을 그대로 비추고 있다. 지금 농촌마다 반딧불이 보기 힘든 것은 환경이 주는 변화가 심각하다는 것을 말하고 있다.

 다시 [친정] 새벽의 여명을 뚫고/친정집 엄마의 부름/'와 줄래'/그 한마디 말씀에 벅차오른다// 1연] 처갓집 일이라면/무조건 이유가 없는 남편/얼굴 한번 찌푸린 적 없는/정 많고 따스한 사람// 2연]에서 보여주듯 내 인생도 어머니와 같을 것이다라는 생각은 모성애처럼 자리잡고 있다. 어머니 부름에 달려가는 시인의 마음을 통해 따뜻한 가족 정서를 느낄 수 있다. [새로 맞이할 염소 가족들/예쁜 우리 짓는다고/부단히 노력하는 오빠/세월을 이기지 못하는/잔주름 뒤에는 거창한 이름/만년 농부// 3연] 내겐 참 소중한 사람이다/등 기대어 의지하면서/살갑게 살아온 세월/이제 사랑하며 살고프다// 4]에서 보여주듯 가족의 사랑으로 승화된 진솔한 삶의 그림들이 자연과 가족의 위혜[威惠]로 행복을 동행하고 있음을 제시해 준다.

 송연화 시인의 [친정]은 [정두리 시인의_어머니의 눈물] [오탁번 시인의_엄마] 등을 감상하게 만든다. [친정] 나들이를 통해 얻어지는 오감은 지금까지 살아온 인생을 보여주고 있으며 가정의 발견을 재조명해보는 인생 이치가 돈호법으로 순환되고 있다.

윤기영의 詩론집

작은 동산에 바람이 오고
숲에는 술렁 바람의 속삭임
춤을 추기 시작이다

잠자는 듯한 고요하던 숲
칼바람은 깊숙이 꽂힐 때
파도 소리처럼 쉼 없이 들려온다

숲에서 너울성 파도치듯
파랑 이파리들 너울너울 춤추고
바람은 바다를 몰고 왔나 보다

초록 물결은 시원함에 물들다
거센 바람이 파도처럼 밀려오는 동산들
정겨움이 가득 넘친다.

(「숲 바람」 전문)

　송연화 시인의 [숲 바람]은 시인이 가지고 있는 삶의 마인드를 그대로 보여주고 있다. 늘 그렇게 살아 왔듯 숲과 인생에는 자연이 있다는 것이다. 산에서 부는 바람에서 파도를 느낄 만큼 사물에 대한 관찰과 감성이 없었다면 승화는 어려웠을 것이다. 직관적 관찰이 있듯 인간사에서도 혹독한 세월을 이해하고 함께 공존하는 데 의미는 부여되었을 것으로 본다.

　다시 [희망//푸른 깃발을 흔든다/내가 걷고 있는 이길/고단하고 힘은 들지만/걱정해주고 위로해주는/이웃들 때문에 아직은 살맛이 난다//서로 힘들 땐 이마를 맞대고 걱정한다/스스로 틀 속에 갇히어도/구름도 묵묵히 읽고 가는 섭리에/날아오르는 세월에 박수를 보내며/다시금 아침을 짓는다//위로차 들렸다고/문 닫지 말고 기다려요/따뜻한 한마디가/큰 힘이 되고 위로가 된다//서로들 작은 힘 나누다 보면/분명 위기를 극복하고/또다시 밝은 모습으로/제자리 찾아서 갈 테지] (「희망」 전문) 시인의 마음은 희망이란 단어로 상징되고 있음을 알 수 있다. 자연은 하는 만큼 성취의 기쁨을 주고 글은 성찰을 통해 얻어지는 온도를 독자에게 소통해 줌을 흡인하고 있다.

　이제 송연화 시인의 시집 읽기를 마무리할 때가 된 것 같다. 인생이 주는 행복한 비밀 공간에 시인의 마음을 수놓은 시적 감성들이 주는 진리와 결실을 맺으려 하는 희망의 메시지들이 승화되어 가는 것은 시인은 이러한 과정을 통해 발전하고 언어에 대한 감성의 온도를 관조하는 시인으로 승화됨을 인식하게 된다.

　송연화 시인은 진정한 서정시인이다. 시의 언어 속에는 자연의 이치를 이해하려고 노력한 영역이 돋보이고 소통의 공간을 창조해낸 잠재의식 또한 공감한다. 더욱 열심히 습작을 통해 글의 온도가 올라간다면 내면에 잠재한 진실을 분사하는 서정적 시 정신을 발양하고 있는 인생 지표를 보는 듯하다. 시집 출간을 축하한다.

윤기영의 詩론집

# 그리움은 눈꺼풀에 걸린 둥근달
### 바람꽃 인생 윤광식 시집


## 1 그리움은 연금술사가 되어간다

 가슴을 사뭇 치게 노래하는 그리움은 시인의 감성으로 자라 그 감성을 독자와 공유하게 이른다. 작가의 마음에서 오는 감성의 소리는 큰 울림과 작은 울림이 있는데 더욱 큰 울림으로 성숙해지는 소리를 듣게 된다. 시인은 삶에서 주어진 굴레 속에서 옛 추억과 현실을 직시하는 통찰력 등으로 자연의 이치와 더불어 살아가는 순간순간의 감동을 진솔하게 내면의 세계를 성찰하게 된다.

 여기 윤광식 시인의 상재되는 시를 일별해보면 남다르다는 생각이 든다. 사랑하는 사람에 대한 애착과 지난 시절의 그리움은 나이테만큼이나 감성이 성숙해 졌음을 말하고 있으며 글을 쓰는 시인의 열정이 고스란히 보여주고 있다. 창작에 대한 집념은 삶에서 직접 오는 심리적 상징의 전환이라고 봐야 한다. 주어진 환경에서 삶으로 이어지는 연결고리와 같다는 것을 말하고 있으며 자신의 정서 또는 사유에서 현실을 직시하며 다양한 변화를 감수하면서 심리적 전환을 이해하려 노력하는 모습이 영역하다.

요즘 많은 작품이 인터넷을 통해 저변확대 되면서 시인들도 주류를 잇는 지금, 우리는 어떤 성찰로 작품을 써야 할지 많이 고민하는 시대를 접하고 있습니다. 그렇다고 유명한 시만 시라고 말하기보다는 작가들이 살아온 과거를 진솔하게 끌어낼 수 있느냐에 대한 시점에 도달했다고 봅니다. 시적 언어는 작가의 마음에서 오는 성찰이다. 그 성찰을 통해 삶과 마음을 비유와 은유를 통해 새로 태어나는 것이 시어 들이다. 시는 갓 버무린 겉절이처럼 풋내와 양념 냄새처럼 간이 잘되어 맛있는 음식이 되어주어야 보는 이가 맛을 느끼듯 시도 그 맛을 내기 위해 열심히 습작을 거쳐 맛있는 시를 자라나게 꽃씨를 뿌려 열매를 맺듯 성숙한 시를 써야 한다.

윤광식시인의 『당신이 머무는 그곳』 중 "너랑 나랑 뒷동산에 앉아/푸른 숲속 집을 짓고/둘만 낳아 잘 기르자/가슴 콩닥 이는 꿈을 꾸었지//정아야 오빠...불렀던 그 이름/자기라 부르며 달맞이꽃 피던 언덕길/하얀눈 소복소복 쌓이던 그 성탄절//속절없이 가버린 50년 세월/잊을 수가 없어/꿈속에서라도/불러 보고 싶었던 이름//눈송이처럼 천사 같은 당신/꼭 보듬고 싶었지만/끝끝내 불러 보지 못하고/그리움만 가슴에 수놓는 당신/허공 속 메아리쳐 불러본다"//(『끝끝내 못 부른 이름』)은 지난 시간과 소통하고 싶은 욕망이 시어 속에 전달해오고 있다. 어쩌면 누구나 첫사랑이란 굴레 속에 살아가고는 있지만, 계절이 주는 야속함을 그대로 표현해 주고 있어 쓸쓸함을 보여주는 감성 소유자로 관계가 되어 있다.

윤기영의 詩론집

또 하나의 옛 추억이 주는 감성을 성찰하고 있는 시대적 배경을 살펴보기로 하자.


혹한의 추위 멈추는 듯
바람을 잠재우는 하늘
눈보라는 허공을 달려가고 있다

창가에 흰 눈이 달려와 부딪치곤
귓가에 띵 하는 오디오의 파음소리
Sbs 동상이몽이란 프로에 정신을 쏟아
어린 남매와 엄마의 삶에
나를 멈추게 한다

가슴속 절여오는 아픔
세상살이 산다는 게 별것 아닌데
인생을 헛되지 않게 살았음을 일깨워
쏴하니 환경 속에 일어나는 감성은
자연이 주는 삶의 유적들이다

우리가 자란 시대적 배경
전기도 없는 초가 삼 칸 구들목
한 이불속 일고여덟은 보통이었던
그 시절이 행복했던 것은 아니었나
되짚어 본다

지금 그 삶이 그립고 눈물짓는 것은
진정한 사람 냄새가 그리웠고
엄한 가르침을 주셨던 깊은 사랑
가정의 질서가 살아 있었기에
내 인생도 여전히 소망의 꿈을 안고
오늘도 시를 쓰고 있나 보다

(「아득한 옛날의 꿈」 전문)

 윤광식의 아득한 옛날의 꿈은 사랑을 태동하듯 애틋하게 시어들이 다가오고 있다. 나의 삶과 TV에서 보여주는 삶이 애절하게 다가오는 것은 가슴에 남아 있는 잡념이 되살아나 내가 살아온 인생처럼 쓸쓸하게 다가오는 것은 풍부한 감성은 삶을 노래해 줌으로 다시 봄으로 이동하는 순환으로 많은 이들에게 시를 읽게 하고 노래를 들려줄 것이다.

 시인은 아득한 옛날의 꿈을 동경하면서 계절을 감성으로 자극하며 오묘하게 내통하며 지난 시간의 연결고리로 조화를 이루고 있다. 그 조화 속에는 인생이 녹아드는 계절이 있다는 것을 말하는 힘은 묘한 빛깔로 드러내고 있다.

 다시 『바람꽃 인생』 "가을바람이 차갑다/철 지난가을 장미도/앙증맞은 모습으로 고개 내밀고/붉게 웃고 있다//목을 길게 내민 코스모스//야윈 미소로 맞이해 주고/나무마다 오색 꽃잎으로 손을 흔들고/거리마다 억새꽃 꾸벅꾸벅 절을 한다//엊그제 맺은 인연/사랑이란 숱한 사연들/절절히 흐르고 보내는/바람꽃 같은 인생//이곳저곳 피고 지는 꽃이라는 걸/저 창밖에 멍울진 꽃망울이/그 시절의 바람으로 불어와/꽃피고 가는 바람이어라."(『바람꽃 인생』)은 어쩌면 시인은 바람꽃처럼 살고 왔는지도 모른다. 자신도 모르게 살아온 인생이 바람처럼 살아온 것을 시를 통해 말하고 있는지 모른다. 때론 억새처럼 흔들려도 보고 어느 부둣가에 정박해있는 배처럼 내 삶을 꽃에서 벗어나지 못하고 있음을 말하고 있다. 계절을 환유의 접근성은 감각적으로 보여줌으로써 시적 오감이 돋보이게 한다.

시인은 그리움에 대한 환기를 추억처럼 바람처럼 절실한 감성을 전달하고자 글로 연대성을 갖고 접근하고 있다. 시와 삶의 접근성은 심상에서 오는 심리적 갈등의 구조들이다. 생각에 따라 성격을 지니고 있는 시간은 정서적으로 미묘한 차이는 삶에서 오는 절실한 삶의 온도인지도 모른다. 시인은 어떤 감성을 표현하고자 할 때 자신의 독창적인 가치를 보여주기 위해 직유법을 사용하기도 한다. 3편의 시에서 보야 주듯 인생은 바람꽃을 통해 얻은 것도 많고 버려진 것도 많다. 계절의 긴 통로를 통해 환기를 정확하게 해줌으로써 시인이 쓰고자 하는 삶의 시적 온도는 따뜻한 소통이 시작되고 있다.


## 2. 추억에서 얻어지는 진리

윤광식 시인은 추억을 노래하면서 자연의 흐름과 삶은 공존하고 있음을 잘 보여주고 있다. 시간이 주는 순환의 시대는 기억을 더듬고 삶에서 오는 둔탁한 소리를 느끼며 걷고 있음을 예시해 준다. 어쩌면 계절이 주는 삶의 진리

속에서 시적 목마름을 느끼게 하고 단풍처럼 물들어가고 있음을 환유하고 있다. 시인은 사물과 관조에서 얻어지는 발견은 시적 울림으로 다가서고 있음을 봐야 한다. 감성의 이치와 사물에서 오는 감성적 오감은 마음에서 얻어지는 언어의 온도가 식지 않은 따뜻한 감성에서 주는 영상적 공간을 보여주고 있다.

"그리움은 익어 갈수록/달이 뜨고 별이 잠들어가며/점점 깊어간다//회한일까/주책일까 후회의 가슴앓이 아련한 첫사랑//찾아보고픈 마음/앞뒤 좌우 선후의 갈림에 찾아간 옛집/다 변했는데 사랑 담은 양철지붕/지난 50년 세월 그대로 숨 쉬고/그 방 문고리에 어리는 그림자//두 어른 고인이 된 후/소식 끊겼다는 말/목젖에서 왈칵 솟아오르는 눈물/차 창문을 닫고/볼에 촉촉이 젖어 흐르는 시간//어느덧 추풍령 고갯길 구불구불 넘어/영동 감나무길 붉게 물든 추억길 달리네/어름어름 둔탁한 발소리 무겁고/시려 오는 가슴에 술잔을 채운다."(『그리움은 익어 갈수록』) 오광수의 "처음 만나는 사람이라도/그저 아무런 의미없이 대하기보다는/따뜻한 미소에 정겨운 말 한마디라도/나누는 일은 소중한 인연의 시작입니다."처럼 그리움은 익어 갈수록 또한 삶의 인연이란 것을 말하고 있다. 황진이 "청산은 내 뜻이오"/靑山은 내 뜻이오 綠水는 임의 情이로다/녹수 흘러간들 청산이야 변할손가/녹수도 청산을 못잊어 울면서 가는가//靑山은 내*이오 綠水* 님의 정情이/綠水 흘너간들 靑山이야 변(變)*손가/綠水도 靑山을 못니저 우러 예여 가*고"/처럼 우리네 인생은 청산을 못 잊듯 그리움이란 존재는 명상의 상징성으로 소통하고 있는 듯하다. 윤광식시인은 시적 삶과 본질적 의미를 인식하기 위한 노력을 꾸준히 하고 있음을 삶에서 진솔하게 보여주면서 시에 대해 끊임없는 성찰을 하고 있다.

시인은 다시 『회귀(回歸)』 "다람쥐 쳇바퀴 돌아간다//하얀 겨울이 가고/연분홍 곱게 피는 봄/숲속의 매미가 울고 나면/울긋 불긋 단풍진 능선에/석양이 지면 하얀 겨울 온다//돌고 돌아 그날이 그날/새달이 또 새달/한 해가 넘고 넘어/돌아온 날이 그날인데//저 죽을 줄 모르고/음흉한 꽃술 감추며/피를 토하는 저 붉은꽃/돌고도는 새날 용을 쓴다//맞이하고 보내고/또 맞이하는 통쾌 상쾌/돌아가는 술래/괜스레 눈물이 난다"/(『회귀(回歸)』) 세월의 흐름을 쳇바퀴 돌 듯 순환하고 있음을 말하고 있다. 계절이 주는 이치에서 진솔한 마음을 담아내는 시의 맛을 효과적으로 드러내고 있어 울림을 주고 있다. 시인은 다시 지난 시간을 돌아보는 세월의 창으로 다시 봄에서 겨울이 오고 있음을 예시해 줌으로 우리의 삶은 메아리쳐 다시 돌아오듯 순환하고 있음을 호소력 있게 관조해 줌으로 시의 깊이를 확보하고 있어 (독자)의 마음을 움직이고 있다.


하얀 백설 소복소복
흰꽃 온산을 덮습니다

생일날이면 시루에 모락모락
어머니 젖 냄새 솔솔
실루엣처럼 피어오릅니다

이엉을 엮어 지붕을 덮고
동짓날 붉은 팥죽
장독대 외양간에 올려
한해 무탈을 기원하던 어머니

눈이 펑펑 쏟아지는 어느 날
싸리 문짝을 바라보며
눈물을 주르륵 흘리던 어머니
이젠 조금은 알 것 같습니다

그리움이란 이런 건가요
아무도 가르쳐 주지 않았는데
눈 내리는 산을 멀거니 보면
절로 눈물이 나는 게 그리움일까

(「하얀 백설의 그림자」 전문)

좌청룡 우백호
여인의 품속같이
골진 명당 중 명당에 앉아
10월의 붉은 입술을 맞는다

인수봉을 뒤로한 북한산
인왕산과 안산을 끌어안고
북악산을 바라보는 호박골
푹 익은 가을 산을 품고 꿈을 꾼다

윤기영의 詩론집

울긋불긋 산허리를 감고
불꽃 같은 능선 곱게 빚어낸 가을
아름다운 수채화의 진수를 보고 있다

한 잎 한 잎 벗어던지고 나면
백설이 하얗게 덮어 주고
노란 햇잎 올라와 다시 붉어지는
대자연의 품에 초연히 앉아 생각한다

비가 오면 비를 맞고
바람에 밀려 화려하게 물들이는
윤회하는 자연의 향연 나도 모르는
아득한 옛날에 혹여 내가 여기 있었을까.

(「윤회하는 인생」 전문)

윤광식 시인은 시와 계절은 밀접한 관계를 유지하고 있음을 다시 보여주고 있다. 어머니에 대한 성찰은 상징화되어 지난 시절을 이해하고 있다. 윤회와 공통점이 있다면 나를 돌아보는 시간과 계절이 주는 의미 속에서 성숙하여가고 있음은 인생 여정을 갈무리하고 있음을 적절하게 보여주고 있다. 시인과 사물 사이에 동일성으로 접근하고 공감을 이끌어내 공존한다는 것을 잘 보여주고 있다.

윤광식 시인의 『내가 왜 이래』 "사부작사부작 오르는 산마루/모래알을 만져 보고/길섶 푸른 숲을 살펴 가며/묵묵히 서 있는 바위에게 말을 건다//모질게도 살아간다/어찌면 산천이 이리 아름다울꼬/너 같이 산다는 게 신비롭고/꼭 살아 있는 동물 같은 모습/우리 인생도 저리 아름다울까 싶다//멧돼지가 파고 뒤집어 놓은 길섶/헝클어진 숲길 생의 흔적/보잘것없는 잡초에/마음을 주는 나도 모르는 나/내가 왜 이래//언제인가 그리움에 젖어/수평선 넘어 누군가 부르는 소리/바닷가에 주저앉아 엉엉울다/갈매기에 길을 묻던 나"(「내가 왜 이래」전문)에서처럼 모질게 살아온 인생을 바위에게 말을 속 시원히 털어놓은 싶은 심정이지 누구에게나 말을 하고 싶을 때가 있듯 답답한 심정을 토해내는 삶을 엿보게 된다.

  시인은 삶의 환기를 발견해 줌으로 어떻게 살아갈 것 인지에 대한 성찰의 시간을 가져본다. 1부 2부를 『끝끝내 못 부른 이름』은 숙명처럼 연민으로 삶의 일부가 되어있음을 보여주고 있다. 본인은 잊고 살았지만, 나이가 들어 되돌아보는 시간에는 원근의 거리 가까이 있음을 거울을 통해 볼 수 있었다. 『회귀(回歸)』또한 계절 순환을 얻어지는 결실 속에서 시적 숨결을 느끼며 환기 속에서 얻어지는 신선함을 계절을 통해 가슴으로 수놓고 있다. 1부~2부 시의 성찰을 감상하면서 3부 인생 소통을 삶, 서정의 가게부로 삶을 발현하고 있어 기다려진다.

## 3 인생은 바람처럼 노래하자

  윤광식 시인의 인생은 바람처럼 살고 싶었던 지난 시간과 지금을 돌아보는 시간을 가져본다. 그토록 목메어 부르는 첫사랑의 그리움은 심연의 깊이가 지배하고 있음을 말하고 있다. 그 심연 안에는 인생의 노래가 기다리고 있다. 계절을 넘나들며 50여년의 세월을 가슴 적시며 현재의 삶과 그 추억의 삶을 환기하며 소통 속으로 들어가 본다.

시인은 『인생 계획』 "가을비 세차게/창문 두들기는 소리/생의 몸부림 소리 요란하다//낮도깨비 같은 여우비/머리 풀어 영혼을 휘감아 돌며/하얗게 하늘로 올라간다//내 살아온 삶/산산이 부서진 허구/몽상의 흔적 그 무엇 하나 없다//인공 지능을 만들고/우주여행을 한다고 떠들썩/신의 세계를 넘보려 들지만 고작/코로나로 맥도 못 추는 나약한 인간이다//하늘에 뜻을 어이하랴/조용히 순종하며 무릎 꿇고/때가 오면 흙먼지로 돌아갈 날 오리다"/(「인생 계획」)은 우리가 주어진 삶은 나약하다는 것을 적실하게 보여주고 있다. 인간이 할 수 있는 한계는 어디까지일까 질문에 속수무책이다(코로나19), 이게 삶인지도 모른다.

다시 『인생의 노래』 "시원한 바람에 실려 오는/굵직하고 나지막한 바리톤 음성에/가슴을 촉촉이 적셔 간다//거짓과 음모 술수로 가득한 세상 명약 중의 명약/오케스트라의 깊숙한 음률/말끔하고 세련미 넘치는 피아노 소리는/마음을 씻어 내고도 남는다//코로나의 안방을 트로트가 좋아/신인 가수들의 신선한 음색 깊은 감성은/트로트 발라드 장르를 넘나들며/영혼을 흔드는 가락은 헐뜯고 되받는/추악한 몰골을 모두 흡입해 간다//이래저래 우울한 날/눈을 지긋이 감고 각종 메들리를 듣노라면/가슴 저린 아픔도 쓸어가는 신비한 약/지옥에서 천국으로긴 여행을 하며/후회 없는 인생 잘 살았다 생각합니다//곡절곡절 쉼표마다 은혜로 살아온 인생/더러는 삶에 상처를 준 분에게 기도로/속죄하는 마음 회자정리 하는 인생 노래/같이 울고 웃는 행복한 리듬 속으로 묻어간다"/(「인생의 노래」)처럼 누군가와 소통하고 싶음을 짠하게 들려오고 있다. 그 인생 속에는 철학이 있다. 시인은 버리지 못하는 용기 그 용기를 거울삼아 살아가는데 큰 용기가 되었을 것이다. 그렇듯 시인의 마음을 읽으며 작품 해설하는데 큰 도움이 되었다. 시는 시인만의 진솔한 삶의 공간이라는 것도 알았다.

　시인이 말하고 싶어하는 시적 사색은 시대적 감성과 현실에 부흥하는 배경을 놓고 평한다는 것은 미처 발견하지 못한 점을 엿보며 훈수하자고 함이다. 시대적 배경과 현실을 직시하는 배경들로 좀 더 시에 대단 집중과 애착이 필요한 시기이다. 인생의 기다림은 또 다른 증표이며 평생을 기다릴 수 있는 아련함이 있을 테지만 찬란한 인생을 위해 서정의 꽃을 피워볼 일이 아니겠는가.

　이처럼 시인의 마음에는 영원히 떠나지 않는 시적 감성을 통해 적나라하게 적시하고 있어 독자와 공감하는 영역을 확보해 줌으로 소통하게 이른다.


가을 길은 늘 외롭다
파란 하늘 구름꽃
우리 삶의 털끝까지
그려가는 예언의 현상이다


윤기영의 詩論집

조각조각
묻어오는 그리움
코스모스 하늘거리는 몸짓에
길을 멈추고 섰다

가로수 빨간 립스틱
분홍빛 얼굴
가슴 뭉클 눈물 솟는다

또 한세월의 길목
지난해 이맘때 먼 여행 간 친구
오늘도 친구가 간다고 손을 젓는다

석양빛 가물가물 외로운 날갯짓
땅거미 깔리는 길목
가로등 하나둘 울고 있다.

(「가을 길녘」 전문)

  윤광식 시인의 가을 길녘에는 굽이굽이 삶의 이야기가 가을로 물들어가고 있음을 시인으로서 말하고 있다. 떠나간 친구와 지난 시간은 교차하는 계절 속에는 잔잔한 파동을 엿보게 한다. 그리움으로 읽게 하는 시집 흐름은 전형적인 오감과 교차하고 있다. 자연의 이치와 삶이 공존하고 있으며 시간을 환기하는 모티브가 이 시집에 있다.

  『쓸쓸한 고향길』"가을비가 추절추절 내리는 고향 신작로/옛 미루나무는 다 어딜 가고/자그마한 단풍길 배롱꽃이 낯설다//추석 명절이면 이슬 밭을/바짓가랑이 젖을라/살금살금 넘어가던 성묘길/지금은 자동차로 묘앞까지 들어간다"중/ 삶의 중심에는 시간적 흐름으로 관조하는 시적 사색이 드러나 있다.

『가을 길녘』과 『쓸쓸한 고향길』에는 시인의 인생이다. 고향의 향수가 전하는 시간적 의미는 삶에 아주 밀접한 연관성이 주어진다. 가을은 중년의 삶이기도 하지만 쓸쓸한 고행길은 오랫동안 젖어 있는 향수인지도 모른다. 가을 서정과 고향의 향수는 서로 공존하며 그 이치에 따라 상징성이 주어진다. 그리움과 기다림은 멈추지 않는 진행형을 그리고 있다.

가지마다 익어 가는
잎새의 빛깔 아름답고 곱다

서녘 하늘 붉은 노을
휘몰아 감아 돌며
어스름 어둑어둑 깔린다

네온의 불빛
잎새 하나 간들간들
미련에 매달려 떨고 있다

마지막 잎새
흙으로 가는 길
영혼의 색깔로 말을 한다

사랑하며 믿고 살다 보면
아름답게 피우는
고운 추억을 남기고 간다고.

(「마지막 잎새」 전문)

 윤광식 시인은 마지막 잎새는 쓸쓸하기만 하다. 가을은 내 인생이라고 부르고 있다. 낙화하는 가을 속으로 들어서면 진한 감동이 전해온다. 황혼으로 가는 길 속에는 살아온 세월이 새옹지마처럼 스치는 세월이 쓸쓸하게 다가오고 있다. 시인은 『쓸쓸한 고향길』『가을 들녘』『마지막 잎새』는 문학적 창조의 근원에 대한 나름대로의 가치 창작에 일조했다는 것이다. 고향의 향수와 한 여인의 생의 여정을 승화시켜 가는 과정은 시간이 필요해 보인다.

 『나목의 연가』 "푸르고 울창하게/살아온 삶의 무게만큼/붉게 물들이며 멋을 부렸다오"(1연에서는 자연으로부터 보상을 달라한다. 어쩌면 삶의 환기를 통해 더 시적 감흥을 이끌어내 화해하고 있다.) "어미의 앞치마 쌈짓돈/아버지 양치고 논바닥 굵은/핏빛 그으름의 넋을 한 잎 한 잎/자식 얼릴까 훌훌히 벗어 덮었다오"(2연에서 아버이의 살아온 인생을 보여줌으로 그 시절에 부모는 그렇게 살았다는 것을 보여준다.) "횡한 등 가죽도/파리한 양팔 들고/북풍의 바람막이 되려/추위도 아랑곳없이 서 있답니다"(3연에서는 세월의 바람 맞이가 되어준 그 겨울을 잔잔한 울림으로 다가서게 한다. "하늘이시여 어서어서/하얀 꽃 이불

덮어 주소서/저 어린 것들 얼까 두렵소/우리야 늙은 쇠가죽 입었다지요" (4연에서는 봄을 잉태하는 세상을 그리고 있고 어버이의 마음과 자식에 대한 사랑이 그대로 보여주고 있다) "동지섣달 엄동설한 지나/당신의 따뜻한 입김/불어 주실 그날까지 기다립니다" (5연에서는 겨울의 끝 맺힘을 말하는 순환의 삶과 무엇이 다르겠는가 물음을 던진다.)

시인의 감성은 여러 경로를 통해 얻어지는 감성이다. 계절을 되묻는 자연의 이치에는 시인의 애잔한 향수의 삶에서 끌어낸 성찰이다. 『마지막 잎새』와 『나목의 연가』의 공통점은 순환이다. 계절을 통해 환기하고 그 환기 속에는 그가 말하고자 하는 삶의 철학이 순환하고 있으며 다시 시를 통해 얻어지는 감성을 지켜보기로 한다.

## 4 바람꽃 인생의 환기 시간

끝끝내 못 부른 이름처럼 시인은 순환이 주는 승화 속에서 정진하고 있음을 시를 통해 엿볼 수 있다. 지난 과거와 현재를 넘나드는 시적 감흥은 때론 아프게 하고 때론 슬프게 하는 환기의 관계성이 유지됨으로 앞으로 더 좋은 시가 발전할 수 있다는 예감을 엿보게 한다.

윤광식 시인은 오감에는 언어의 뜨거운 온도를 느끼게 한다. 그 온도는 시를 쓰게 하는 원동력이 되어 살아온 인생을 엿보듯 파노라마 치는 문장을 본다. 그렇듯 인간의 본질적 삶에서 벗어나지 않는 운명으로 살아갈 수밖에 없는 공감의 영역을 확대하고 있다.

　그 겨울의 순환 길에 들어서 보자 『겨울바람』 "밤새 찾아온 소설 바람/고운 가을 끝자락/벌거벗겨 놓고 휑하니 가버린다//쭉쭉 뻗은 나뭇가지 서로서로 바라보며/겉저고리 벗어 덮어 주고 위로한다"(1~2연에서는 겨울 문턱에서 가을은 떠나고 있음을 말하고 있다. 시인의 마음에는 이미 겨울이 와있음을 예고한다.) "저 보다 잘나면 안 된다고/사돈에 팔촌 처가까지/이불속 까집고 뒤집는/철면피가 득세하려는 우리 꼬락서니/저 나목을 바라보라//너 하면 나 더해/똥 묻은 개 보고 짖는 다고/어떻게 하겠다는 것도/야바위 같은 거짓 아닐까/찬 바람 쌩쌩 분다"(3~4 연에서는 산다는 것이 무엇인지 욕심으로 얼룩져 있는 시름을 은연중 말하고 있다.) "시간이 가고 나면/봄이 오듯 결과는 나겠지만/찝찝하고 더러운 냄새/어찌 맡으며 숨을 쉬고 살 수 있으려나/한파가 쉽게 가라앉지 않는다"(5연에서는 한숨 소리가 메아리친다. 세월은 순환이 되어도 다시 돌아가지 못하는 긴 한숨 소리가 목놓아 부르고 있다.

　시인의 겨울 여운을 본다. 소중한 시어 속에는 많은 재료가 포함되어 음식의 맛을 내듯 감칠맛이 나는 언어들이다. 물론 비유나 은유는 부족하지만 지난 시간을 뒤돌아보며 새로운 봄을 맞이하는 바람의 울림을 듣듯 계절의 순환으로 환기하는 향수의 감성은 상징적 의미로 남아 있다.

　여기서 우리는 이해인 시인의 『살아 있는 날은』 "마른 향내나는/갈색 연필을 깎아/글을 쓰겠습니다//사각사각 소리나는/연하고 부드러운 연필 글씨를/몇 번이고 지우며/다시 쓰는 나의 하루//예리한 칼끝으로 몸을 깎아도/단정하고 꼿꼿한 한 자루의 연필처럼/정직하게 살고 싶습니다//나는 당신의 살아있는 연필/어둠 속에서도 빛나는 말로/당신이 원하시는 글을 쓰겠습니다//정결한 몸짓으로 일어나는 향내처럼/당신을 위하여/소멸하겠습니다" 그렇듯 윤광식 시인의 시도 당신을 위해 소멸할 수 있도록 더 간결한 시로 독자에게 다가설 수 있는 좋은 시로 성장할 수 있음을 예시해 준다.

 윤광식 시인의 『당신이 머무는 그곳』을 통해 독자와 소통하는 시집이 되었으면 한다, 당신을 부르는 소리가 메아리 되어 돌아오듯 아침 창가에 새 소리를 들으며 희망의 꿈을 버리지 말고 슬픔과 고통으로 얻어지는 자연의 이치를 돈호법으로 순환되는 네 번째 울림을 말하고 있다.


당신이 깔아준 꽃길
사랑이라 말을 하지 마오
향기만 주고 간 그 길
행복이라 말하지 마오

떠날 때 말없이 가버린
아픈 상처만 주고 간 사람
그 사람 찾아 헤맨 50년
쓰린 가슴 너무 아파요


윤기영의 詩론집

잊으려 해도 들려오는
아릿한 그리운 몸부림
잊을 수 없는 그때 그 사랑
영영 잊으려야 잊을 수가 없네

그 사랑 어이하랴
나를 붙들고 놓지를 않네
그 사람은 없는데
그 향기 왜 자꾸만 나나요.

(「잊을 수 없는 향기」 전문)

윤광식 시인의 『잊을 수 없는 향기』에서도 순환으로 승화되어 가는 과정을 마무리 해줌으로 긴 침묵의 시간이 지나고 있다.

『겨울바람』『잊을 수 없는 향기』 통해 승화되어 가는 과정을 지켜보고 있다. 윤광식 시인의 시는 향수를 통에 얻어지는 세월의 온도가 따뜻함을 느끼고 습작했음을 환기하는데 충분하다. 그러나 전체적으로 부족하게 느끼는 것은 언어 선택에 좀 더 집중했으면 하는 바람이었다. 시인의 진솔한 마음을 형상화하고 있음을 말하고 있다. 그래서 인간미가 시에서 나타나 있으며 순환의 시간성이 주목을 흡인하고 있다.

이제 윤광식 시인의 시집 읽기를 마무리할 때가 된 것같다. 세월이 주는 심미안 안에 펼쳐지는 감성은 순수함에서 주는 진리와 결실을 맺으려 하는 메시지들이 승화되어 가는 것은 인간사의 변주곡이 되어 간다. 시인은 이러한 과정을 통해 발전하는 언어에 대한 성찰로 새로운 관점에서 창조하는 시법을 인식하게 된다.

 윤광식 시인은 고향 향수를 알고 향수로 얻어낸 서정시인이다. 시의 감성 속에 펼쳐지는 풍자 속에는 내면에 잠재한 진실을 분사하는 서정적 시 정신을 발양하고 있는 시인의 정신을 높이 평가한다. 언어는 끝없는 도전이므로 최선을 다하는 시인이 되길 바란다. 시집 출간을 축하한다.

# 세월이 못 지운 그리움
### (이기주 시집)

## 1 사색으로 피어나는 혜안

시 창작에 있어 자연의 이치는 삶의 밑그림이다. 자연과 인간의 공존은 일류의 역사다. 자연의 이치를 이해하고 관찰하며 시로 인입이라는 막중한 소명과 감성이라는 이름 그 가치를 상호작용해 줌으로써 심미안을 꽃으로 승화하고, 꽃의 정체성과 색깔의 모양이 주는 바람의 소리 또는 인간의 소리를 듣고 창조의 발상들을 융합함으로써 한 편의 소재가 되고 주제가 되어 세상 밖으로 나온다. 우린 그런 과정을 통해 감동하고 그 감동 속에서 진솔한 주제로 꽃의 세계를 성찰하게 이른다.

여기 이기주 시인의 두 번째 시집을 일별 해보면 시적 감성이 남다르고 자연의 성지를 보는 듯하다. 자연의 이치에 대한 열정이 남다르다고 보는 것은 사계절 동안 꽃이 피고 지는 과정을 통해 얻어지는 오감이 그대로 독자에게 전하고 있다는 것이다. 글에 대한 열정이 고스란히 심미안을 그리고 있으며 그 심미안은 감성으로 전해오고 있다. 꽃은 마음을 환유하고 있다. 지난 시간을 보상 받으려 하는지도 모른다. 그만큼 꽃의 상징성은 젊고 이쁘다는 것을 자신으로부터 도취해 있는 삶을 살고 있는지도 모른다. 그리고 꽃은 피고 지는 계절의 환기가 됨을 느끼며 삶에서 직접 오는 갈등구조의 전환이라고 봐야 한다. 시 창작의 삶으로 이어지는 연결고리와 같으며 자신의 정서 또는 사유에서 현실을 직시하며 다양한 변화를 감수하면서 오감으로 환기하며 이해하게 된다.

 인터넷 주류를 잇는 많은 작품이 쏟아지면서 시란 정말 무엇일까? 라는 질문이 쇄도하고 있다. 유명한 시라고 해서 다 좋은 것은 아니다. 진실의 정체성을 같고 독자에게 울림을 줄 수 있는 시가 정말 좋은 시라고 생각한다. 시는 작가의 마음이며 성찰이다. 작가는 자연의 이치와 긴 습작을 통해 얻어지는 숙련으로 가공된 작품을 보여주는 것이 독자와의 예의이고 그 독자가 기억에서 머물 수 있도록 거듭 퇴고로 태어나야 하는 자세가 필요하다.

 그는 '동장군과 설연화/ 연둣빛 꿈을 싣고 설연화/샛노란 얼굴 드리웠는데/간다던 동장군은/재 넘어가는 길에 안면 바꿔/눈바람 몰고와 몸부림친다//시새움 가득한 동장군/눈과 바람으로 봄을 덮어도/샛노란 설연화 진한 웃음에/꽃잎에 매달린 눈꽃은/사르르 녹아 땅을 적시네//겨울의 숨 가쁜 소리도/설연화의 가없는 눈길에/애잔한 그리움 남기며/아슬아슬히 사라져가고/설연화의 화색이 곱다'(「동장군과 설연화」 전문) 자연의 이치를 시작해 본다. 설연화는 눈 속에 핀 꽃으로 봄을 상징성하고 있다. 시인이 바라보며 바람 소리를 듣고 꽃이 피는 소리를 들으며 오감을 느끼는 것을 파노라마처럼 보여준다. 바람 소리에는 봄이 성큼 다가왔음을 혜안으로 얻어지는 미감이다. 겨울을 벗어나 꽃이 피는 계절을 동행하고 있음을 시작으로 알리는 것은 작가의 평범한 일상이 계절과 배치되어 있다. '설연화의 가없는 눈길에/애잔한 그리움 남기며/아슬아슬히 사라져가고/설연화의 화색이 곱다.' 봄을 기다리는 마음은 지난 시간의 그리움이다.

 또 하나의 자연의 이치로 꽃이 피기까지의 순환되어가는 계절에 도달해 있음을 말하는 시인의 전개를 살펴보기로 하자.


이때쯤이면 남보다 먼저
봄을 맞으려고 바람난
난봉꾼처럼 한곳에
머물지 못하고 쏘다닐 텐데

이 좋은 계절에 스멀스멀
일어서려는 감정을
조각난 바람 조각에라도
매어 날려 보낼까

풀꽃을 보아도 주저앉고
들꽃을 보아도 웃음 흘리는
꽃 바람둥이는 구례의 매화꽃
산수유꽃 보러 가자 했는데

낙엽 이불 걷어차고 핀
변산 바람꽃에 입 맞추고
돌 틈 비집고 나온 노루귀에
눈도장이라도 찍고 싶었는데

봄은 한 꺼풀씩 새 빛깔로
새 옷으로 갈아입고
동강 할미꽃도 피었다는데
나의 봄은 어디로 갔나.

(「실종된 나의 봄」 전문)

  시인의 눈에는 봄이 왔는데 마음은 준비가 덜 된 봄이 오고 말았다. 긴 겨울잠에서 깨어나 보니 세월 탓일까 마음만 분주하다. 봄으로 이동하는 계절의 삶을 보며 내 마음에는 희망이 순환하고 있었다. 겨울이 실종된 계절을 만끽하듯 지천에 꽃이 피고 있음에 마음만 앞서고 지난 꽃들이 파노라마처럼 펼쳐지고 있는데 나가지 못하는 마음에 시간을 얻고 꽃에 젖어보는 시간들이다. 시인의 마음은 지난 시간 연결고리로 조화를 이루고 있다. 그 조화 속에 연결되는 인생 서막이 녹아드는 계절이 있다는 것을 펼쳐 보이고 있다. 그렇듯 시인은 남들과 소통하며 꽃의 미묘한 빛깔을 드러내는 특유한 성향이 시작된다.

  다시 그는 '목련이 피는 날에/ 살 속을 파고드는 꽃샘바람/아우성치는 나뭇가지 잡고/오래오래 견뎌낸 목련꽃망울/운명의 굴레를 벗어 버렸네//다투어 피어나는 목련 꽃을/비바람까지 몰고 와 흔드니/안타까운 날갯짓은 눈물로/방울방울 떨어져 내리네//모질게 버티는 꽃잎을 보며/이랑진 가슴은 이리 아픈데/몹쓸 그리움은 왜 달라붙어/심란한 마음을 흔드는지//부질없는 그리움도 슬픔도/연민을 품은 어느 사월에/생각 지우개로 지워버리고/곱게 피는 꽃이나 돼 볼까.'(「목련이 피는 날에」 전문) 봄을 상징하듯 목련이 피는 과정을 통해 시인은 성찰한다. 목련의 화려한 순백의 자태는 잠시일 뿐 비바람에 버텨내는 것을 지켜보며 인생의 인연도 모진 세월도 잊어버리지 못하고 순환하고 있음을 말해 줌으로 자연의 이치와 인과 사를 제시해 줌으로 계절을 통해 삶과 연관성을 보여주고 있다.

## 2. 자연이 주는 질서의 성찰

이기주 시인은 시에서는 계절이 주는 자연이 이치와 꽃에 대한 성찰로 시의 간결한 목소리를 들려주고 싶어 하는 시인이다. 꽃의 모양에서 들려오는 오감이나 바람소리 등을 시로 표현하여 현실에 주어진 사회의 일원으로 희망의 메시지가 된다면 꽃처럼 승화된 사회가 되길 조금이나마 이바지하고 싶다는 욕망은 꽃으로 승화되는 독자에게 보여주고 있다.

시인은 삶의 일상적인 단어로 작품의 완성도보다는 일상적인 경험과 체험에서 얻어지는 시적 울림은 꽃이 피고 지는 계절의 발화과정을 집중으로 이루어졌다고 봐야 한다. 언어와 이미지의 융합으로 참신하게 표현하며 시적 사유에서 회유하는 자연과의 호흡을 이해하게 된다. 김춘수 시인의 '꽃'처럼 꽃의 사물과 이미지 존재성의 관계를 진솔하게 불러줌으로 꽃의 상징성의 깊이가 더 보여준다. 박두진 시인의 '꽃' 이육사 시인의 '꽃' 아픔의 꽃으로 그려진 꽃은 꿈과 희망의 노래로 알려지듯, 이기주 시인의 시의 주류도 내면의 시대적 배경 등이 소통하고 있다는 것이다.

다시 그는 '황혼의 그 바닷가/ 바다와 맞닿은 하늘에/선홍으로 물든 노을/그 연연한 하늘에/잿빛 어둠이 찾아들고/파도의 한 자락 춤사위에/스며드는 그리움//부서져 달려오는/하얀 물거품 속에/사랑보다 더 붉은/그리움을 어찌 지울까/파도에 띄워 보낼까/뱃길 따라나서는 갈매기/날개에 실려 보낼까//황혼의 바닷가에/외로움이 휘감아 도니/비릿한 갯바람 한 줄기/울며 매달리고/아리고 곰기어도/뺄 수 없는 이 아픔//잊자 해도 잊히지 않는/흔들리는 영혼 속에/뼛속까지 스민 고독이/요원한 달빛 속으로/구름 되어 숨어드네.'(「황혼의 그 바닷가」 전문) 속에 펼쳐지는 시어 속에는 지난 시간이 애잔하게 녹아든다. 황혼의 바닷가에 펼쳐지는 백사장과 아련한 기억들이 상기되어 파도에 부서지는 하얀 물거품처럼 그려지는 인생 그 속에는 시어에 그려지는 여운을 진솔하게 담아내 시의 맛을 효과적으로 드러내고 있어 울림을 주고 있다. 시인은 '잊자 해도 잊히지 않는/흔들리는 영혼 속에/뼛속까지 스민 고독이'라는 관조의 깊이를 확보하고 있다.


갈림길에 이르러
서성이는 바람을 몸으로
받아들이는 들풀처럼

삶이 사랑 찾아가는 여정이라면
짓밟혀도 다시 움터 오는
들풀의 새싹처럼

지기도 내려놓기도 벅찬 등짐

윤기영의 詩론집

고단한 바람이 나뭇가지에
쉬어가듯 잠시만 쉬어갈까

들 숲에 이름모를 풀조차도
저렇게 제 짐 지고
바장거리며 일어서는데

이 또한 견디라시는
어느 분의 질박한 사랑의 권면이
들리기에 힘 돋우어 일어난다

(「들풀처럼」 전문)

    이기주 시인은 시와 삶과 밀접한 관계를 유지하고 있음을 내면으로부터 다시 보여주고 있다. '서성이는 바람을 몸으로/받아들이는 들풀처럼/삶이 사랑 찾아가는 여정이라면/짓밟혀도 다시 움터 오는/들풀의 새싹처럼' 1단락과 2단락에서 보여주듯 인간의 끈질긴 생명력과 들풀로 인연된 상징성은 이 시의 사물에 대한 전개성을 보여주고 있다. 시인은 언어의 매재로 감성을 쓰지만, 독자의 인식은 다르므로 다양하게 보여주고 있다.

    그가 부르는 '불면의 밤/내 마음의 날개는/폭풍이 지난 언덕에서/다시 일어서려는 들풀처럼/끊임없는 날갯짓을 한다//하얀 구름 등 타고와/꽃잎에 쉬는 나비처럼/마음의 몸부림을 멈추고/평안히 쉬고 싶다//날개는 이리 아픈데/보아줄이 없는 마음 짓만/허공 속에 퍼덕이며/별빛 숨어든 밤을 지새우네.'(「불면의 밤」 전문) 시인이 말하는 불면의 밤을 집중해 본다. 3단락으로 끊임없는 날갯짓을 보여준다. 지난 시간을 환승하여 되돌아보며 어느 이치에서 살아가든 자신의 각오가 중요하다는 것을 보여줌으로 시인의 감수성을 소통으로 다시 보여주고 있다. 자연의 이치를 재조명해 줌으로 서정의 꽃의 연결이 발현되고 있다.


### 3. 계절을 성찰하며

 이기주 시인이 그토록 바라보는 시선은 계절의 변화와 삶이 추구하는 이치의 삶이다. 어쩌면 인생의 대상은 그리움이 아닌가 싶다. 누군가 그리워하며 긴 기다림의 세월 뒤에는 글을 쓰게 하는 원동력으로 스스로 지배당하고 있는지도 모른다. 계절이 주는 변화 속에는 상징성처럼 자리 잡고 있는 그리움의 심연에는 항상 감성에 도취되어 있음을 말하고 있다. 그리움과 꽃은 삶을 환기해 줌으로 소통하고 함께 공존하며 창작하는데 의지가 된다.

 그는 '접시꽃 피는 언덕/순금보다 귀한 햇살로/꽉차 있는 여름/빛 가리기에 여념이 없지만/접시꽃은 몸을 불태우네//한 주름 바람이 접시꽃/속속히 빛을 앉고 들어가니/순도 높은 색깔로 족히/아름다움으로 여름을 채운다//사람들은 태양이 버겁다며/한계를 드러내지만/금 같은 햇살로 여름은 고우니/다정한 눈빛이 머무네.'(「접시꽃 피는 언덕」 중)은 계절의 변화 속에 피는 접시꽃은 무더운 여름 햇살을 견디며 피는 꽃이라 생명력에 강한 의지력이 있는 꽃으로 맵시있게 자란다 하여 '도종환 시인의 접시꽃 당신은 유명한 시로' 독자의 사랑을 독차지하는 시이기도 하다. 그렇듯 이기주 시인의 사색을 끌어내는데 이해가 되는 시이다.

이처럼 시인의 마음에는 영원히 떠나지 않는 감성을 적나라하게 적시하고 있어 독자와 공감하는 영역을 확보해 줌으로 소통하게 이른다.

가을은 이렇게 왔다
너무 가까워서 만져진다
색 고운 단풍진 잎이
내 발걸음을 잡아끌어
가을 곁에 와 있다

가까이 멀리서 가을이
손짓하여 따라다니느라
숨이 턱에 차는데
이 가을은 마음 놓고
다녀갈 수 있을까

세상천지 익은 열매들
만삭으로 불룩한 배
사산이 되지 않고 순산하여
봄날에 다시 입덧하기를
소망하여 기도드린다

(「만삭의 가을」 전문)

이기주 시인의 시적 감성의 창작에는 자연의 이치와 삶이 공존하는 시간을 보여주고 있다. 시인의 모티브는 가을이다. '만삭의 가을'은 내가 살아온 삶을 되돌아보며 유추해 주는 영향력이 있는 순서다. 우주의 이치를 성찰하고 관조하는 흐름으로 전개되고 있음을 말하는 것은 '이 가을은 마음 놓고/다녀갈 수 있을까'? 표를 던지는 것은 가을이 무사히 가고 다시 봄이 온다는 것을 약속하는 것이다. 그만큼 시인의 마음은 자연과 대화하며 또 기다리고 기다리며 자연과 공존하며 그 이치에 따라 꿈이 있고 희망이 있다는 것을 보여주고 있다.

 또 그렇게 '국화꽃 길에서' 가을을 떠나보내기 싫은 아쉬움을 시적 감흥으로 거울에 비추어 보며 그 어디쯤 아련함은 아직도 멈추지 않는 진행형으로 그리고 있다.

국화꽃 잎마다
내려앉은 이슬방울에
잊고 살아온 기억이
매달려 오는 새벽
가슴에 바람이 인다

고운 빛으로 피어난
국화의 가을빛에도
다가오는 그리움이
지난 사랑 이야기를
꺼내보자 보채네

들추자면 오죽 많을까
너무 아파 잊으려 했고
잊어야 함에 서러워도
옹이진 기억이 슬퍼서

윤기영의 詩론집

그냥 묻어 두고 싶었는데

긴 날의 몸부림으로
꽃을 피운 국화처럼
뼛속 깊이 스민 아픔
추심이나 부추겨 꺼내
한 소절 노래로 달랜다

「국화꽃 길에서」 전문)

 이기주 시인은 이제 '국화꽃 길에서' 여정의 그리운 노래가 내 인생이라고 부르고 있다. 봄과 여름 가을을 통해 얻어지는 성찰은 내 인생 전환점에 눈가를 촉촉하게 적시는 삶은 '긴 날의 몸부림으로/꽃을 피운 국화처럼/뼛속 깊이 스민 아픔/추심이나 부추겨 꺼내/한 소절 노래로 달랜다.'의 물음표는 시인의 이정표이다.

 「접시꽃 피는 언덕」「만삭의 가을」「국화꽃 길에서」는 내 삶의 이정표이며 내 사색의 모티브이다. '추풍낙엽/웬 바람은 그렇게 불어/붉게 취하게 하던/단풍을 후려쳐/곤두박질치게 하네//그냥 놔두어도/며칠 못 견딜 잎들을/야속한 바람은/왜 그리 흔들어 댈까//지친 소용돌이에/한 자락의 생명은/삶의 무게만 밀고 당기다/무참히 내려앉는다//허공이 휘도록 버티는/단풍 몇 잎이 애처로이/하늘의 처분을 바라니/인생과 뭐 다를 바 있으랴//사정없는 황혼을/허겁지겁 따라가다가/추심이나 부추겨'(「추풍낙엽」 중)인생이 그러하듯 추풍낙엽에 그려지는 야속함은 약속이라도 한 듯 계절마다 찾아온다. 삶의 여정이 그러하듯 비바람에 흔들리지 않으려 다짐도 해보지만 바람에 우수수 떨어지듯 나약한 삶을 이해하는데 시간이 필요해 보인다.

### 4. 다시 꽃의 승화를 기다리며

세월이 못 지운 그리움은 험난한 여정의 삶이 이었을 것이다. 시인이 봄과 여름 가을 겨울을 통해 얻어지는 오감은 누가 말로 표현할 수 있을까? 자연의 이치에서 내가 살아온 삶을 비유해 보는 시간은 참으로 애틋한 시간이었다. 꽃에서 느끼는 오묘함과 꽃의 결정체 절기마다 각양각색으로 바라보는 성찰 그 승화가 있었기에 시상이 공존하고 있음을 이해한다.

이기주 시인의 마음에서 따뜻한 뜨락이 존재하는 것 같다. 수시로 사물을 바라보며 깨닫고 그 물음을 시로 던져 놓는 것 또한 따뜻함을 전도하는 원동력이 있는 시인이다. 이기주 시인은 인간의 본질적 운명으로 살아갈 수밖에 없는 공감의 영역을 확대하고 있다.

그 '겨울 끝의 자화상/생명의 심지에 조금 남은/기름으로 어둠보다 더 진한/혼몽의 창을 밝히며/사랑도 미움도 화석처럼/정지된듯한 세상에/나만이라도 서투른 사랑을' 시인의 인지력이 강하게 보이는 자화상 1단락에서 보여주고 있다. 시인은 '사랑도 미움도 화석처럼' 언어를 비유하듯 그 다짐은 겨울에 핀 눈꽃처럼 차갑고 매섭게 보인다. '지친 마음에 스스로를/알맞게 견제하려는 생각/다시 어쭙잖은 분별을 찾으려/서릿발 내린 산으로 내딛는데/바람은 빈 곳으로 불어온 다더니/푸석푸석한 땅 위에 뒹굴던/마른 잎들이 빈 구석을 가득/채우고 있다 내 마음처럼'(『겨울 끝의 자화상』 전문) 2단락에서는 '푸석푸석한 땅 위에 뒹굴던 마른 잎들이 빈 구석을 가득 채우고 있다'라고 말하고 있다. 바람이 거칠게 부는 날에는 낙엽은 결국 낮은 곳으로 모아지 듯 인생도 빈 들녘을 채우는 마음은 얼마나 쓸쓸한 자화상일까? 그 진솔한 마음이 잘 정돈되어 보여주고 있다.

다시 '겨울이 오는 길목에서/화려한 기억들로/떠나기가 아쉬운지/가을은 고운 옷으로/겨울에 매달려/작별 인사가 길다'는 과거와 현재를 계절의 흐름으로 적시해 줌으로 겨울 작별의 시작을 알리고 있다. 다시 2단락) '서리 국화꽃 숨소리가/그리움일 때 비로소/겨울이 겨울일 텐데/지척이는 발걸음에/겨울은 가을을 채근한다' 아직 떠나지 못한 가을 숨소리를 들으며 안타까운 마음을 표출해 내고 있다. 3단락)철새의 날개에 업혀/가을이 석별의 정이/아쉬워 손을 흔드니/찬비 소리 앞세우고/겨울은 식은 몸을 디민다.' (『겨울이 오는 길목에서』 전문) 겨울 철새를 통해 가을은 떠나고 겨울이 왔다고 말해 줍니다. 시인이 말하고자 하는 자연의 순리 그 순리 속에는 다시 봄을 준비하고 있음을 말해 줌으로써 자연의 이치와 계절로 동행하고 있다.

이기주 시인의 '겨울 끝의 자화상'은 '김수영' 시인의 '눈'과 김광균 시인의 '설야' 등을 감상하게 만든다. '겨울이 오는 길목에서'는 지난겨울이 그러했듯 한 해 동안 살면서 희로애락을 즐기며 나의 모든 것을 발견하는 한해, 재조명해보는 자연의 이치를 돈호법으로 순환되는 울림을 말하고 있다.

맨살을 고스란히 드러내고 있는 산
늘 푸를 것만 같았던 결결한 아름다움은
간 곳이 없고 잔주름 굵은 주름을
감추지 못한 산이 꼭 나의 민낯 같다

수묵화 같은 산자락을 바라보며
숙연해지는 마음을 여미며 걷는데
둘레길 음향기기에선
놀랍게도 부베의 연인이
경음악으로 잔잔히 흐르고있다

이 음악을 이 산중에서 듣다니
낙엽처럼 버려진 추억의 그리움이
언덕을 넘어 나비 떼처럼 날아든다

이 알 수 없는 흔들림에
마음조차 아려오니
이 맘을 어이 달랠까

아득한 시간이 흘러 상처는 아물었어도
흔적은 지워지지 않네
이제 슬플 것도 없는 누추한 사랑의 자국을
거둬내려 하여도
세월은 그리움을 못 지운다

(「세월이 못 지운 그리움」 전문)

 이기주 시인의 이 작품에서도 '세월이 못 지운 그리움'을 잘 보여주고 있다. 인간사의 혹독함을 극복해내기까지는 시련과 고통 그리고 긴 침묵이 기다리고 있다는 것이다. 그렇듯 삶 속에는 지워지지 않는 것들이 있었기에 사물을 관찰하고 오감을 노래하며 살았는지도 모른다.

다시 '또 한 해를 보내며/이렇게 한 해가 또 갑니다/헤어질 준비도 못 했는데/잡은 손 그만 놔 주고/찬 바람 속으로 걸어갑니다/꼭꼭 담아 놓고 풀어놓지 못한/이야기도 너무 많은데/뜻 모를 작별 인사만 되뇌며/하마 잡힐세라 황망히 갑니다/앙상히 여윈 가지가 찬 바람 앞에/흔들려도 아무 저항도 못 하듯/가는 해 뒷 그림자 바라보며/한 구석 마음은 아려 오는데/다시 기약 못할 해넘이는/미운 정 고운정 가득 남기고는/목청 돋우는 산발한 바람이/등 밀어주니 뒤 안 돌아보고/시린 손 흔들어 안녕 하렵니다'(「또 한 해를 보내며」) 시인의 진솔한 마음을 형상화하고 있음을 말하고 있다. 자연의 이치를 통해 영감을 받고 자연과 더불어 공존하며 인간과 계절의 시간성이 주목을 흡인하고 있다.

이제 이기주 시인의 시집 읽기를 마무리할 때가 된 것 같다. 계절이 주는 이치 안에 펼쳐지는 시적 감성들은 순수함에서 주는 진리와 결실을 맺으려 하는 희망의 메시지들이 승화되어 가는 것은 인간사의 변주곡이 되어 간다. 시인은 이러한 과정을 통해 발전하는 언어에 대한 성찰로 희로애락을 즐기며 새로운 관점에서 창조하는 시법을 인식하게 된다.

이기주 시인은 진정한 서정시인이다. 시의 감성 속에는

노래하고자 하는 자연의 이치와 공감하고 계절의 순환을 통해 내면에 잠재한 진실을 분사하는 서정적 시 정신을 발양하고 있는 시인의 인생 지표를 보는 듯하다. 시란 영원한 진리로 공존의 의미이다.
시집 출간을 축하한다.

윤기영의 詩론집

# 백년의 향을 그려낸 성찰
### (다시, 첫걸음 이명순 시집)

## 1 꿈은 즐거움을 읽는다

첫 번째 읽는 사람의 즐거움은 시인의 마음에서 오는 감성의 소리다. 시 창작은 마음에서 오는 심미안의 창조이며 그 창조는 성찰을 통해 한 편의 시가 되고 주제가 되어 세상 밖으로 나온다. 우린 자연의 이치를 통해 감동하고 그 감동 속에서 진솔한 주제로 내면의 세계를 성찰하게 된다.

여기 이명순 시인의 상재되는 시를 일별해보면 시적 감흥이 남다르다는 생각이 든다. 시인의 작품은 시에 대한 열정이 고스란히 답례하고 있음을 보여주고 있다. 자연의 이치와 자연으로부터 배우며 터득하며 살아가는 방식은 마음에서 심미안을 그리고 있으며 그 심미안은 오감으로 전해오고 있다. 창작에 대한 집념은 삶에서 직접 오는 갈등의 전환이라고 봐야 한다. 시 창작에는 삶으로 이어지는 연결고리와 같다는 것을 말하고 있으며 자신의 정서 또는 사유에서 현실을 직시하며 다양한 변화를 감수하면서 심리적 전환을 이해하게 된다.

요즘 인터넷에서 주류를 잇는 많은 작품이 쏟아지면서 시란 정말 무엇일까? 라는 질문들이 쇄도하고 있다. 유명한 시라고 해서 다 좋은 것은 아니다. 독자에게 감성적 울림을 줄 수 있는 시가 정말 좋은 시라고 생각한다. 시는 작가의 마음이며 성찰이다. 사물을 관찰하면서 비유와 은유를 통해 새로 태어나는 것이 시어 들이다. 시는 갓 구워낸 빵처럼 향기가 나는 참모습을 보여주지 말고 자연에서 들리는 소리와 오감을 통해 얻어지는 것이 시이다. 시 창작은 긴 습작을 통해 얻어지는 씨앗의 열매라고 생각해야 한다.

 이명순의 『다시, 첫걸음』 벌목당한 봄날/먹물로 가득찬 구멍난 가슴/터진 밑둥이 산고를 치루고/미소가 번졌다/꿈은 이루어 지리라.(『다시, 첫걸음』)은 자연의 이치가 존재하기 때문에 시를 써서 꿈을 읽게하고 있다. (『아침을 열면』) 문밖에 그대가 내게 오는 소리/그리운 맘 부풀리며 기다리던 날/청량한 음절로 다독다독 젖는다//쓰르라미 다녀간 발자국에/넌지시 발을 디디고/찬 이슬 머금고 지새우는/인연의 밤//달빛에 내려 앉은 그대의 하루가/신기루처럼 스며든다//초침 소리 들리듯이. (『아침을 열면』)으로 시작하는 세상의 음성 소리를 들으며 스스로 삶의 지표를 만들어내는 주조 자가 되어 있음을 말하고 있다. 첫걸음은 첫사랑처럼 기다려지는 마음의 정서가 문밖에 있는 청량한 소리가 신기루처럼 자신으로부터 벗어나지 못하는 관계가 되어 있음을 영상으로 보여주고 있다.

 또 하나의 자연에서 주는 성찰과 감성이 도달해 있는 오감을 살펴보기로 하자.

토방에 내려서는 빗방울이

깊게 내려앉는 초봄
나부끼는 바람에 싸라기 날리더만
냉기를 품에 안고 눈물이 터져버렸어

팝콘처럼 날리는
풍경을 짓는다
봉창으로 들어와 이슬이 되고
뒤란에 절구는 눈사람이 되었네

처마 밑 달아놓은 씨받이 옥수수,
무명치마 자락을 여미는 시래기
꽃눈 튼 매화
감나무 까치집엔 둥근달이 걸렸네

(「풍경」 전문)

　이명순의 풍경 속에 이미지는 애틋함을 잘 나타나 있다. 긴 겨울잠에서 깨어나는 봄의 태동은 신비함 그 자체라고 말하고 싶다. 이 시는 겨울옷을 벗고 봄의 잉태를 예고해 줌으로 감성의 풍부함과 자연의 이치를 노래해 줌으로 봄으로 이동하는 계절은 삶의 생명수처럼 희망을 순환하고 있어 많은 이들의 시어를 읽게 하고 노래를 들어 줄 것이다.

　시인은 풍경을 동경하면서 계절을 감성으로 자극하며 오묘하게 내통하며 지난 시간의 연결고리로 조화를 이루고 있다. 그 조화 속에는 인생이 녹아드는 계절이 있다는 것을 명확하게 말하는 힘이 있다. 봄으로 가는 길목에는 과거와 현재를 오고 가며 꿈과 희망을 주고 있으며 풍경으로 그려내는 소통은 미묘한 빛깔을 드러내는 것이다.

 다시 그는 『봄날은 간다』 싸리눈 거리에 광주리 가지고 갈까나/보릿고개 넘다가 이밥 쏟아지니/아 배부른 한낮이여//청자빛이고/하얗게 하얗게 눈 내리는 오후//김 오르는 가마솥 따독따독/아 투박한 할머니 손 고봉밥이여/뒤란 장독대, 돌절구 위에도/수북수북 고봉밥 잔치 열렸네/부르다 부르다 배가 부르다//오월 푸르름 오르는/立夏의 낭창낭창한 오후/배부른 봄날이 간다.(『봄날은 간다』)는 시인이 바라보고 느끼는 밀접한 관계를 유지하고 있다. 오월에 눈이 내린 장독에 쌓여 있는 눈을 할머니의 고봉밥 비유로 잠시 지난 시간을 환유의 접근성은 감각적으로 보인다. 시의 감성은 독자가 감상에 따라 다른 해석으로 보이기도 하지만 봄날은 간다의 작품에서는 보고팠던 지난 보릿고개 시절을 그리고 있다. 때론 이팝나무의 전설을 은유로 말하고 있는지도 모르지만 시는 독자의 몫이다.

 시인은 절실한 사유를 전달하고자 밀접한 연대성을 갖고 접근하고 있다. 시와 삶의 접근성은 눈에 닿는 심상의 만남이다. 심상은 자연의 성지이다. 생각에 따라 감각적인 성격을 지니고 있어 시간을 상기하며 정서적으로 미묘한 접근성은 삶의 소망이며 절실한 시의 인식인지도 모른다. 시인은 어떤 사물이나 감정을 표현하고자 할 경우 자신의 독창적인 인식을 보여주기 위해 비유를 사용한다. 그렇게 함으로써 자신의 생각이 상대방에게 보다 잘 전달되리라고 믿는다. 우린 봄날은 간다를 통해 계절의 환기를 정확하게 해줌으로써 시인이 쓰고자 하는 의식 구조의 흐름이 시작되고 있다.

## 2. 사물의 이치에서 얻어지는 사색의 창

 이명순 시인은 삶 속에는 자연의 흐름이 공존하고 있음을 잘 보여주고 있다. 시의 간결한 소리에는 시적 목마름이 가을 단풍처럼 물들어가고 있음을 암유하고 있으며 참신한 시의 성찰 속에는 생동감을 내면화하여 풍요로운 삶을 그리고 있다.

 시인의 경험과 체험에서 얻어지는 관조의 발견은 시적 울림에서 필연적으로 다가서고 있음을 봐야 한다. 사물의 이치에서 얻어지는 사색의 창은 감정과 언어가 빚어내는 가시화된 이미지와 사물로 미적 공간을 보여줘야 한다. 풍경 이미지의 융합으로 참신하게 표현하며 시적 사유에서 회유하는 긴 호흡을 이해하게 된다. 마종기시인의 (『봄날의 심장』) 평생 숨겨온 비밀까지 모조리 털어내어. 등 지나가던 바람까지 바라보며 웃던 날이 문득 떠올랐다. 김춘수 시인의 (『꽃을 위한 서시』) 눈시울에 젖어드는 이 무명(無名)의 어둠에/추억(追憶)의 한 접시 불을 밝히고/나는 한밤내 운다// 가 문득 떠올랐다. 본질적 의미를 인식하기 위한 노력과 인식의 안타까움을 직시한 삶의 그림자를 보면서 이명순 시인은 시에 대한 끊임없는 시적 존재는 명상의 상징성으로 소통하고 있는 듯하다.

 다시 시인은『흐르는물처럼』옹달샘바람꽃이살랑거리고/졸졸흐르는여울에갯버들/봉긋한가슴내밀어새들을부르네//골짜기를물들인예쁜봄이가/흐르는물처럼노래를부르네/버들치앞세우고/강으로가는길//강가청둥오리/한가로이노니는그곳에흐르는물처럼고요히눕고싶다

//그곳에머물면나또한물이되리(『흐르는물처럼』)시의세월은 흐르는물처럼 계절이있고 그계절속에는 평화롭게 보이기도하고 계절이주는 이치에서 진솔한 마음을담아내는 시의 맛을 효과적으로 드러내고 있어 울림을주고 있다. 시인은 다시, 봄을 돌아보는 사색의 창으로 다시봄으로 태어나게 함으로 우리의 삶은 순환하고 있음을 예시해줌으로 봄은 다시메아리처럼 울림의 소리를 호소력있게 관조해줌으로 시의 깊이를 확보하고 있어(독자)의 마음을 움직이고 있다.


틈을 내어 옆구리에 통증으로
밀려드는 숨을 마신다
뼛속으로 스미며 통통한 물살이 튕기듯
자맥질하는 저 깊은 골로 돌고 돌아
번져가는 수액을 실핏줄 터지도록
밀어내는데 반나절이었다

생은 그렇게 굽이굽이 굴곡진 껍질을
벗겨내고 속살을 내민다
떠도는 섬이었던 시절이 철새처럼 날아가고
돌아앉은 깊은 뿌리는
등대가 되어 불침번을 선다

검은 바다의 나침반이 되고
일렁이는 물이랑에
파닥파닥 오르는 생의 파편들이
새가 되어 날아간다                    (「물의 길」 전문)


윤기영의 詩론집

이명순 시인은 시와 계절은 밀접한 관계를 유지하고 있음을 다시 보여주고 있다. 물이 흐르는 깊이에는 여러 종류의 거울이 있을 것이다. 물을 바라보는 그 이치에서 나를 뒤돌아보는 삶 속에는 높고 낮은 파도를 만나듯 굴곡의 시간은 시를 쓰게 하는 원동력이 되어가고 있는지도 모른다. 삶과 물의 만남은 다양한 언어의 온도로 보여진다. 시인이 부르는 (「물의 길」 전문)은 인생 여정을 갈무리하고 있음을 적절하게 보여주고 있다. 시인과 사물 사이에 동일성으로 접근하고 공감을 이끌어내 이해하고 공존한다는 것을 잘 보여주고 있다.

　이명순 시인의 『그런 그대가 참 좋다』 아침에 눈뜰 때 웃음 띤 얼굴이 보이면/내 마음 환하게 밝아진다//찬거리 부족해 장에 갈 때 차 키 챙겨/자동차 시동 걸고 기다릴 때/아이가 늦었다고 말하면 주저 없이 따라나설 때/처가에 일 생기면 군말 없이 나서서 해결해줄 때/내가 아프면 약을 사가지고 달려와 줄 때/친구가 어려운 일을 당하면 서슴없이 도와줄 때/내가 아니면 누가 있겠냐며 동기간 대소사에 발 벗고/뛰어다닐 때/벗들이 네가 있어서 참 좋다고 말할 때/그런 사람이 내 가시버시여서/내 인생의 동반자여서//그런 그대가 참 좋다.(「그런 그대가 참 좋다」 전문)에서는 진정한 삶의 목소리가 진솔하게 들리고 있다. 작은 것 하나에도 감동하는 삶을 발견하며 감사함을 조명해 본다.

　시인의 자아 발견은 『꿈은 즐거움을 말하다』『사물의 이치에서 얻어지는 사색의 창』을 통해 지나온 삶을 거울에 비추어 집중해 본다. 계절을 통해 얻어지는 신선함은 아침에 피었다 지는 꽃처럼 시적 안온함에 숨결을 느끼는 감수성이 돋보이게 한다. 삶의 시작은 봄을 알리듯 시인님이 추구하는 1부~2부 시의 깊이를 감상하면서 3부 소통이 삶의 서정의 꽃으로 연결에 발현되고 있음을 기다려진다.

## 3 백년의 향을 사유하며

 이명순 시인의 그토록 감정을 사유하는 염원은 이방인 같은 삶 속에 그리움이라는 심연의깊이가 지배하고 있음을 말하고 있다. 그 심연 안에는 백년의 향을 사유하는 계절이 만들어 논 꽃들로 환기해 줌으로 소통하고 공존하며 살아가고 있다.

 시인은 『백년의 향』 참잠의 늪을 건너간 물빛 언어는/푸르른 가슴에/이방인의 가슴에도/별이 되었다//광풍의 바다를 건넌 물빛 영혼/벽안에 갇힌 별 하나/혼불이 되어 사르다//뼛속까지 시려오는/아름답고 슬픈 언어는/별이 되었다(「백년의 향」)은 뼛속까지 시려오는 진한 진동을 느낀다. 시인이 추구하는 시의 사색을 완벽하게 보여줌으로 작품 해설하는데 큰 도움이 된다. 시는 시인만의 진솔한 감성의 공간이다.

 이처럼 시인의 마음에는 영원히 떠나지 않는 시적 감성을 통해 적나라하게 적시하고 있어 독자와 공감하는 영역을 확보해 줌으로 소통하게 이른다.

윤기영의 詩론집

긴 그림자 들판을 거닐던
하오의 연정
하늬바람에 밀려가는 열기
가슴 고랑에 감추어 두었던 속내
따가운 가을볕에 말린다

꽃무늬 원피스에 숨긴 은밀
검은 목단 드레스에 감춘 정염
산들바람 타고 날아오르는 향기

코스모스 손짓하는 간이역에서
오작교 건너는 직녀의 바람을 엿보는
허허로운 발길
내 안에 문이 닫힌다

다시 못 올 생의 정점에서 띄우는
가을의 소야곡

(「가을역」 전문)

  이명순 시인의 가을 사색에 물들어가는 오작교 건너 직녀의 바람에 나부끼는 내 안의 그려지는 가을 들녘에 잔잔한 파동을 엿보게 된다. 즐거움으로 읽게하는 시집 흐름은 전형적인 오감과 교차하고 있다. 자연의 이치와 삶은 공존하고 시간을 환기하는 모티브가 이 시집에 있다. 『가슴 고랑에 감추어 두었던 속내/따가운 가을볕에 말린다//꽃무늬 원피스에 숨긴 은밀/검은 목단 드레스에 감춘 정염//오작교 건너는 직녀의 바람을 엿보는/허허로운 발길』 속에는 가을역, 삶의 흐름으로 관조하는 시적 사색이 드러나 있다.

『백년의 향』과 가을역이 공존하는 것은 시인의 인생이다. 백년의 향의 진동과 가을역의 시간적 의미는 아주 밀접한 연관성이 주어진다. 가을은 중년의 삶이기도 하지만 백년의 향은 오랫동안 풍기고 싶은 향 인지도 모른다. 백년의 향과 가을 자연은 서로 공존하며 그 이치에 따라 꿈이 있고 희망을 보여주며 그 어디쯤 멈추지 않는 진행형을 그리고 있다.


강나루에 별이 스러지던 밤
푸른 달빛에 그은 얼굴 너머로
바람이 실어오는 청아한 울림

기나긴 여름날 적시던 물풀들이 술렁거리고
밤이슬에 마실 다니던 풀벌레 노닥거릴 때
숨 죽여 때를 기다리던 널
풀잎 이슬 밟으며 마중나갔지

기다림에 지쳐서 갈바람에 눈물 훔칠 때
저녁달 벗 삼아 뜨락을 서성이던
네 노래가
둥근 달빛에 젖어 드는구나

인연은 소리 없이 다가와 마음에 머무는 것
말은 없어도 소리로, 발길로 우리는 하나

내 삶에 너와 벗한 시간이 반백 년이 넘어
황혼으로 가는 길, 이 밤
늘 그대로인 널 맞는다

(「가을 벗」 전문)

　이명순 시인은 가을 벗의 내 인생이라고 부르고 있다. 가을 벗 속에 그려지는 노래는 진한 감동을 말한다. 황혼으로 가는 길 속에는 살아온 세월이 파노라마처럼 스치는 세월이 쓸쓸하게 다가오고 있다. 시인은 『가을 벗』『가을역』은 문학적 창조의 근원에 대한 나름대로의 가치 창출에 언어화하는 일에 일조했다는 (정염)을 통해 얻어지고 있다. 삶의 여정이 꽃으로 승화되어 가는 계절을 이해하는데 시간이 필요해 보인다.

『길을 되묻다』 산모롱이 휘도는 바람을 안고/운무에 갇혀 옛일을 기억하는/거기/그곳에 피 흘린 영혼/잠못들던 나무 한그루 (1연에서 자연의 이치에 공감하며 시적 감흥을 이끌어내 이미지화하고 있다.) 미시령 고갯길에서/타다 남은 잿더미를 뒤집어쓰고/세월을 먹고 있다 (2연에서 시간적 흐름을 말해 줌으로 곧 겨울이 오고 있음을 예시해 준다) 벼락치던 그 밤,/생애 마지막 절규하던 몸짓들/운무에 나부끼는 옷자락/겨울지나 봄이 오는 그 길목들 (3연에서는 겨울이 지나면 봄이 오는 것을 화폭에 그려보는 시간을 가져본다.) 가파른 능선에 퇴적된 세월/굽이지는 길섶에 날리는 씨방이/속살을 더듬거리며 천리길을 간다 (4연에서는 봄을 잉태하는 새로운 세상을 그리고 있어 자연이 주는 의미가 남다르다.) 마음 잃은 너이거나/길을 잃은 나이거나/흐르는 구름 따라 간다.// 5연에서는 계절의 순환은 삶과 무엇이 다르겠는가 물음을 던진다. 시인의 감성은 여러 경로를 통해 얻어지는 감성이다. 길을 되묻다를 통해 시인은 미시령 여행길에서 얻어낸 성찰이다. 다시 시를 통해 얻어지는 감성을 지켜보기로 한다.

## 4 순환이 주는 승화의 시간

 다시, 첫걸음이란 말처럼 시인은 순환이 주는 승화 속에서 정진하고 있음을 시를 통해 볼수 있다. 지난 과거와 현재를 넘나드는 시적 감흥은 때론 아프게 하고 때론 슬프게 하는 미묘한 관계성이 유지됨으로 앞으로 더 좋은 시가 발전할 수 있다는 예감을 엿보게 한다.

 이명순 시인은 감성에서 문자의 뜨거운 온도를 느끼게 한다. 그 감성의 온도는 시를 쓰는 원동력이 되어 파노라마 치는 문장을 보는 듯하다. 그 인간의 본질적 삶에서 벗어나지 않는 운명으로 살아갈 수밖에 없는 공감의 영역을 확대하고 있다.

 그 순환의 길에 들어서 보자 『다시 첫걸음』 바람이 불어왔습니다/언제부터였는지 왜 그래야만 했는지 모릅니다//몸속 어디서부터 스멀스멀/기어 나온 것인지도 모릅니다/어느 날 문득 더운 바람이 울컥/솟아올라서 미친 듯이 달렸습니다_1~2연에서 시인은 다시 봄이 오고 있음을 말하고 있다. 바람이 달려와 치솟아올라 달렸다고 한다. 그렇게 바람은 더운 바람입니다. //산으로 올라서 굽이치는 폭포를 따라/산 아래 계곡을 내달렸지요//들판을 가로질러 풀섶 한 짐 지고/지푸라기 엮어 촘촘한 돗자리를 만들었어요 3~4연에서도 산에서 들로 달려가는 바람 소리를 들을 수 있었다.// 씨줄 한 올에 서러움 날리고/날 줄 한 올에 배고픔 잊고서/영혼의 넋두리 벗 삼아 하얗게 지새웁니다//이제 와 세월 앞에서/돌아선 날들이 그리워/다시 첫걸음을 딛습니다// 지난 시간을 뒤돌아보며 새로운 봄을 맞이하는 바람의 울림은 상징적 의미로 남았습니다. 『바람의 길을 따라』 거뭇거뭇 저물어 가는 산능성이로/제자리 걸음마냥 까치둥지에 걸린 달/도시의 빌딩에도 걸려 있고/몽산포 바다에도 떴다/돌들이 물결에 두런거릴 때/해맑게 웃는 따오기 노래소리에/밤바다 별들이/변주곡을 울린다/해변에 울려퍼지는 교향곡/밤을 물들이고/금모래사장에 앉아/부서져내리는 달빛에 젖는다/강산은 능선을 불타오르고/바람이 되어/다도해까지 물드는 멋진 날/ (『바람의 길을 따라』 전문)에서는 다시 기다림의 여운을 남긴다. 시인의 소중한 시어 속에는 많은 재료가 포함되어 음식의 맛을 내듯 감칠맛이 나는 언어들이다. 여기서 우리는 김영랑 시인의 『끝없이 강물은 흐르네』 내 마음의 어딘 듯 한 편에 끝없는/강물이 흐르네/돋쳐 오르는 아침 날빛이 빤질한/은결을 돋우네/가슴엔 듯 눈엔 듯 또 핏줄엔 듯/마음이 도른도른 숨어 있는 곳/내 마음의 어딘 듯 한 편에 끝없는/강물이 흐르네.// 내부에 흐르는 지향적 영혼의 소리는 정감의 극치를 이루고 있다. 그렇듯 이명순 시인의 시들도 조금만 더 조미료 맛을 낼수 있다면 좋은 시로 성장할 수 있음을 예시해 준다.

이명순 시인의 『다시, 첫걸음』의 의미는 아침마다 창가에서 봄을 맞이하는 것을 발견하고 슬픔과 고통으로 얼어지는 자연의 이치를 돈호법으로 순환되는 첫 울림을 말하고 있다.


장님 눈 뜨듯 환한 바람이 불던 날
우수(雨水) 눈치 보던 꽃망울
봇물 터지듯 여문 입술을 벙싯거리고
수다 삼매경에 빠졌다

얼음새꽃 놀다 간 뒤끝에
산수유 옷고름 풀어 헤치고
새초롬 살랑대는 바람꽃
새색시 볼처럼 홍조 띤 매화

지난밤 우수에 젖은 뜨락
말간 얼굴로 고개 내민 생강꽃
남천을 밀어내고
휘젓는 바람은 꽃비를 내린다

앞섶을 파고드는 꽃샘바람
매실 항아리에 술이 익는
아, 설레는
또, 봄이다

(「다시, 봄」 전문)

이명순 시인의 『다시, 봄』에서도 순화으로 승화되어 가는 과정을 마무리 해줌으로 긴 침묵의 시간이 지나고 있다. 『백년의 향』『가을역』『다시 첫걸음』 통해 승화되어 가는 과정을 지켜보고 있다. 이명순 시인의 시는 사물을 통에 얻어지는 언어의 온도가 따뜻함을 느끼고 습작했음을 환기하는데 충분하다. 그러나 전체적으로 부족하게 느끼는 것은 언어 선택에 좀 더 집중했으면 하는 바람이었다. 시인의 진솔한 마음을 형상화하고 있음을 말하고 있다. 그래서 인간미가 시에서 나타나 있으며 계절의 시간성이 주목을 흡인하고 있다.

이제 이명순 시인의 시집 읽기를 마무리할 때가 된 것 같다. 자연이 주는 심상 안에 펼쳐지는 이야기들은 순수함에서 주는 진리와 결실을 맺으려 하는 메시지들이 승화되어 가는 것은 인간사의 변주곡이 되어 간다. 시인은 이러한 과정을 통해 발전하는 언어에 대한 성찰로 희로애락을 즐기며 새로운 관점에서 창조하는 시법을 인식하게 된다.

이명순 시인은 자연의 이치를 알고 여행으로 얻어내는 서정시인이다. 시의 감성 속에는 노래하고자 하는 자연의 공감에서 내면에 잠재한 진실을 분사하는 서정적 시 정신을 발양하고 있는 시인의 정신을 높이 평가한다. 시란 영원한 진리로 공존의 의미이며 끝없는 언어의 도전이다. 시집 출간을 축하한다.

# 타고난 초월, 긍정적 사고

아리아를 부르는 해바라기 이서영 시집

## 1. 초월의 힘

 바람만 불어도, 흘러가는 구름만 보아도 새록새록 되살아나는 그리운 얼굴이기에 마음속에 바람으로 줄을 긋고 구름으로 그려 넣은 악보가 되어 문득문득 가슴에 울리는 노래가 되었을까? 전형적인 삶의 진실 속에 진하게 우러나는 세월을 논하지 않을 수가 없다. 이렇게 그리운 사람은 세월과 더불어 시인의 깊은 심상(心想) 속에 가라앉는다. 이제 불필요한 감정의 찌꺼기들은 산새들 깨어나 지저귀기전에 투명하게 증발해 지난 그리움의 시간을 보상하듯 아름다운 세월도 스치는 바람도, 부지런한 벌레도 촉촉하게 적셔주고 내 생의 미소도 부드럽게 적셔주더니 마침내 새 삶의 아침 문을 열어주고는 아련히 사라지는 넉넉한 화해를 청하는 듯하다. 필자의 감수성은 원숙한 단계의 삶에 이른 세상의 사물들을 넉넉한 마음으로 바라 볼 수 있는 관조(觀照)의 경지에 도달해 있다. 이러한 주제의식에 체험이 결함된 호흡과 언어는 시를 자유롭게 하는 열쇠가 되어 첫 번째 시집을 내기까지 필자의 마음은 어땠을까? 질문 속엔 진솔한 언어의 조탁에도 구애받지 않고 나름대로 詩의식에 무던히 노력했음을 엿보게 된다. 젊은 시절 소낙비 후드득 떨어지는 꽃잎이 아니라, 한 잎, 두 잎 여물어가는 환희의 색깔로 미소 짓는 여유로움 속에는 현실에 대한 긍정의 태도인지도 모른다. 나는 문득 '이상'시인의 '거울속에는소리가없소' 시 한 소절이 억압에 짓눌려 있는 시의 세계를 보는 듯 답답한 절규 소리가 들리는 것만 같다. 필자는 일상의 범사나 무관심 속에 유폐시켜 왔던 사물과 삶을 재발견하고 재구성함으로써 시적 성취를 가능케 하는 놀라운 힘을 가지고 있다. 필자의 감성은 보이지 않는 깊이와 넓이를 언어로 드러내어 시적 발견에 값하는 놀라운 감성을 어렵지 않게 보여주고 그 풍부한 상상력이 한몫을 하고 있다.

그의 '본질의 서정시'의 문채(文彩)는 다른 작품들에도 드러나 있다.

## 2. 초월, 긍정적 사고

이제 이서영시인의 '타고난 초월, 긍정적 사고'는 어떤 형식의 구조로 형성되어 있는지 시의 감성을 찾아 출발해 보자.

회오리바람에 휩쓸려
핼쑥한 몸으로,
흙 속에 젖줄 삼키고
살갗 찢어 뿌리 내린다

지나가는 여우비에
달콤한 별미를 먹고
싱그런 입술로, 두팔 벌려

하늘을 솟는다
살쾡이의 발톱으로 할퀴고
살무사의 긴 몸으로 휘감아
죽느냐 사느냐
아찔한 순간에도, 그곳 해만 바라보며
낑낑대고 씁쓰레 웃는다
하늬바람에 너풀거린 넓은 잎새에
어두운 구름 묻어 버리고 〈중략〉

〈아리아를 부른 해바라기〉 전문

 시는 필자의 대표작이다. '아리아를 부른 해바라기'는 (중략) 영원히 기억하고 싶지 않은 악몽들이 회오리바람일 듯 휩쓸려간 자리가 무성하기만 하다. '여우비가 내리고 살쾡이의 발톱으로 할퀴고 살무사의 긴 몸으로 휘감아 죽느냐 사느냐'의 험난함 뒤에는 아픔을 딛고 날갯짓하는 작은 소망이 허물어지지 않는 가슴에 정제되어 있다. 시의 스타일은 직관적이다. 직관적 사고에 의해 본질을 핍진(逼眞)하려는 개성적인 서정시이다. 시의 언어와 그 조형의 틀에서 필자의 은밀한 감수성을 풀어서 실재 언어의 오묘함을 신선하게 조명하고 있다. 필자와의 정신 교감이 시의 내면을 살찌게 하는 그에게서 현실의 어두운 의식을 기대한다는 것은 결국 헛수고라고만 볼 수 없는 것은 직관적 사물 투시가 신선한 감동을 주고 있다는 점이다. 인생의 관점을 대면하고 관찰을 통해 더 지켜보자.

윤기영의 詩론집

세찬 비바람 내 몸 사르고
서러움 토해 흙 속에 파묻혀
아무도 찾아오지 않는 골짝
빼꼼 내민 여린 꽃잎에
실바람 찾아든 나의 심장아

그대는 어느 별의 소산이기에
미지의 손으로 나를 안아
뽀얀 입술로 유혹하는 구려
설렌 마음 들킬까 마음 조이는
나는 그대의 꽃이 되고 싶다 〈중략〉

〈살아가는 이유〉 전문

악마의 발톱을 휘졌던 늑대가
화염에 휩쓸려
연기되어 사라졌다
하늘 문이 열리고
양들이 노래하는 햇살에
메마른 심장이
초콜릿 되어 두근거린다
엷게 바른 립스틱은
다가온 키스로 번져간다 〈중략〉

〈사랑은 파도를 타고〉 전문

달빛도 차가운 겨울 밤
날카로운 찬바람에 가슴 시리고

힘겨웠던 지난날의 그림자가
살금살금 눈물 속에
걸어 나온다

부서진 조각들이 서러워
가슴에 안고
몸으로 닦아
흘러가는 시간에
보약을 투여하니
어느새 원기가 생겨
천리를 걸어 갈 듯 힘차 보인다 〈중략〉

〈보금자리〉 전문

 필자의 신념은 또 하나의 인생 관점에서 살아가는 이유가 되었는지도 모른다. 인간의 숙명적으로 실존적 삶에 얽매어 있기 때문이다. 〈살아가는 이유. 사랑은 파도를 타고. 보금자리〉 등은 공통점을 이루게 된다. 인생에 대한 주정적 세계 인식의 구현이라는 사실을 상기시킨다. 시와 삶은 진정성의 욕망에서 연유한다는 뜻이기도 하다. 욕망은 끝없는 갈증의 목마름을 외치고 있다. 인간은 안정된 삶에서 살아가는 이유를 만들고 그 삶의 지표가 됨으로 숙명적 가치가 있지 않았나 싶다.

윤기영의 詩론집

## 3. 인생철학

다시 이서영시인의 인생철학을 살펴보기로 하자.


밀물과 썰물이 교체하며
성난 파도를 잠재우는 갯벌은
죽어가는 퇴적물에 생명을 준다
드넓은 갯벌에 살아가는 생물들은 갯벌이 주는
젖줄을 먹고 오묘한 조화로 숨 쉬고 있다
아무도 없는 고요함 속에
방게들이 살금살금 축제를 하며
구경하던 망둥이 춤을 춘다

먹을 것을 찾아 헤매던 갈매기
옳거니 하고 사뿐히 내려 앉아
꿀떡꿀떡 사냥꾼이다
방게와 망둥이는 무서워서 구멍 속으로 쏙
갈매기 물고기 잡으러 바닷물 위로 날아간다

목이 잘리고 팔다리가 어스러져
갈매기의 목구멍 속으로
빨려 들어 갈뻔했던 망둥이와 방게는
"갈매기야! 네 놈은 독수리의 똥이 될 것이다"
소리치는 망둥이와 방게는
차오르는 바닷물에 숨통을 맡긴다.

〈갯벌의 무법자〉전문

필자는 밀물과 썰물에서 세상의 이치를 바라보고 삶의 답을 얻으려 바다의 대상을 찾은 단순한 표현이지만 마음은 결코 단순하지 않았을 것이다. 그 대상에 예민한 촉수로 감지한 경험적 깨달음이라는 것을 알 수 있다. 시에 대한 논의는 그의 다른 시를 통해서 해결의 실마리를 찾을 수 있다. 항시 어둠보다는 밝음을 지향하는 긍정의 세계와 낙관의 희망으로 열려 있는 항상적 몸짓이라는 점이다. '갯벌의 무법자' 관찰 속에는 지금까지 무관심 속에 유폐시켜 왔던 자연 사물을 재발견함으로써 시작 성취감에 한 목소리를 내고 있다. 섭리에 순응하고 이미지로 표상되어 있음을 주시하게 하는 것을 의미해 봄으로써 필자의 예민한 촉수를 살펴보자.


먹구름이 천지를 휘감고
늑대 아가리로 쏟아 붓던 비바람은
콧방귀로 해코지하며
씁쓰레한 발작을 한다

해질녘 피튜니아 입김으로
암 덩어리를 쓸어버리고
새로 단장한 말쑥한 하늘엔
나의 투명한 안경 넘어
밝은 들녘이 보인다 〈중략〉

〈양들의 전주곡〉 전문

 자연적 이치는 어디까지나 객관적 사물로서만 존재할 뿐

이다. 그 이상의 시적 자아를 표상하는 존재의 모습은 보이지 않는다는 것이다. 시적 자아를 구체화하여 필연적 관계로 대상에 접근해 고정시점으로 치밀하게 묘사하는 습관이 되었으면 좋겠다. '먹구름이 천지를 휘감고' 있는 세상을 엄선하는 것은 필자가 은연중 시한폭탄처럼 가슴에 탑재되어 있는 폭탄물을 안고 사는지도 모른다. 이러한 사실은 공허한 상념이나 피상적 지각이 아닌, 현실 그 자체의 생생한 모습이다. 필자는 한바탕 소낙비가 훑고 지나간 석양 노을에 상기된 정신적 강박관념에서 잠시 현실을 조명하고 정서와 삶을 반영하고 있으므로 필연적 심상과 자아를 발견해 보자.


산마루에 걸려있는 붉은 해는
애타는 임의 부름에
공작새의 날개로 멍든 가슴 태우고
붉게 타오른다
임의 울림, 소용돌이로
심장을 파고들며
질리지 않는 수수께끼가 되어
자꾸만 부르고 부른다

메아리치는 임의 소리에
찾아 나선 을미의 발자취는
붉은 입속으로 빠져들어 간다 〈중략〉

〈노만과 을미〉 전문

해지는 소리의 이미지는 시각을 청각으로 환치한 공감각적 표현이다. 붉게 물든 하늘의 섭리에 이끌려 마침내 표상이 됨으로써 해의 영원성에 연결되고 있다. 필자의 마음은 부푼 꿈의 세계로 반영하고 사물의 소리는 자연에서 오는 그 정서를 아름답게 반영하고 있다. '공작새의 날개로 멍든 가슴 태우고' '노만과 을미'를 부르는 이 시의 모티브는 노만에 있다. 노만은 영원한 승화에 답할 만한 구원의 실체에서 동일성 관계로 바깥 세계와의 연결을 가능한 믿음을 가지게 했을지도 모른다. '치맛자락 휘날리며 쑥스런 미소로/붉게 타오른/임의 이름, 노만을 부르며/만남의 기쁨으로 붉은 노을 만든다'처럼 인간의 신뢰로 초월을 극복하고 영원과 무한을 외치는 것은 홀로서야 한다는 강박감 등의 균형적 삶의 의미가 크므로. 필자의 심리를 좀 더 살펴보기로 하자.


하늘에는 별
땅에는 사람과 사람
존재하는 밤하늘을 바라본다

수많은 이야기 내뿜은 별똥별에
하나, 둘 가슴 설레고
옛 방앗간의 참새와
들에 핀 씀바귀의 미소가, 귀에 걸린다
요지경 속의 일그러진
사람들은 선한 양심 갖기를
하늘에 진동하며



윤기영의 詩론집

타오르는 불씨 하나 가슴에 새기고
오랜 전설 속으로 사라진다.

〈별똥별은 가슴으로〉 전문

　감성의 시이다. '하늘에는 별/땅에는 사람과 사람/그 존재하는 밤을 논하곤 한다. 원초적 자연의 섭리와 그 본질의 표상인 것이다. 우리의 삶 속에는 원초적 모습이 있고. 자연의 순수 상태 속에는 시적 구조와 변화 속에서 새로운 사유를 창조해 나가다 보면 심리적 갈등. 불안전한 시의 구조까지도 받아들여 이해하려는 움직임은 체념으로 자학하는 모습을 보여주곤 한다. '수많은 이야기 내뿜은 별똥별에/하나, 둘 가슴 설레고/옛 방앗간의 참새와/들에 핀 씀바귀의 미소가, 귀에 걸린다'등의 시적 분위기를 보면 자연의 아름다움이 미소를 보낸다.
필자의 감성을 더 살펴보자.


아마존 강의 심장처럼
요동치는 세포 속에
가슴은 붉게 물든다

이토록 가슴 설렘은
빛바랜 그대 마음
나를 향하고
그대 가슴은
사막의 오아시스
여기까지 오는 길은

힘든 여정이지만

계절이 수 십 번 바뀌어도
한마음 물이 되어
이제는 고목나무에도
꽃이 피리라.

〈나 그리고 그대〉 전문

 필자는 직관의 눈으로 사물을 투시하고 속성을 공식화한다. 그것이 필자의 시 세계관이기도 하다. '요동치는 세포 속에 가슴은 붉게 물든다'라고 말하는 감성은 오랜 명상 끝에 얻어진 결과물이 아니라 심리적 갈등 구조 속에서 감각적 지성이 항시 동행하고 있다는 것을 보여주고 있다. '계절이 수 십 번 바뀌어도/한마음 물이 되어/이제는 고목나무에도/꽃이 피리라.'는 다짐은 신선한 감성으로 받아들여진다. 메마른 감성에 길들여지지 않을까? 필자의 심리적 거리가 대상과 일치된 모습을 엿보지만 곧 감정을 절제하는 지성에 의해 통제됨으로 새로운 감성적 아름다움의 시가 봄의 생명체처럼 신선한 감동을 줄 걸로 보며 존재의 실체가 자아 성찰로 향하고 있는 삶의 진실한 모티브를 더 지켜보자.

물안개 피어나는, 호숫가에 서면
맑은 물빛 따라 번져가는
고운 마음으로 세포들을 깨우는
청아한 공기를 마신다

길가에 나무들은 넉넉한 가슴으로
새들을 안고 세월을 먹는다
오색 빛이 찬란한 꽃들의 울타리엔
봄, 여름, 가을, 겨울 철 따라
옷을 갈아입는다

북풍이 부는 겨울엔
고양 호수꽃빛 축제로
하늘 밝혀, 얼었던 추위 녹여버리고
다채롭게 빛난 보물들이 반짝거린다

출렁이는 가슴마다 마음 나누며
모든 일이 풀리고
세포들이 춤추며 탑을 쌓는다.

〈샘터〉 전문

  호수는 모성과 생명을 원천적인 존재로서의 음과 양의 결합으로 물의 본질은 생명이라는 사실을 확인시켜주고 있다. 수평적 주제를 지닌 생명의 근원으로서 모든 존재의 생명체와 불가분의 관계임을 천명하고 있다. '물안개 피어나는, 호숫가에 서면/맑은 물빛 따라 번져가는/고운 마음으로 세포들을 깨우는/청아한 공기를 마신다//길가에 나무들은 넉넉한 가슴으로/새들을 안고 세월을 먹는다/오색 빛이 찬란한 꽃들의 울타리엔/봄, 여름, 가을, 겨울 철 따라/옷을 갈아입는다' 등은 계절의 직관적 진술을 통찰하고 시적 자아의 재해석이 눈에 띄기 시작한다. 필자는 예민한 관찰과 경험에 의한 정의적 언술로써 이해할 수 있는 통로를 만들어 상상력을 더욱 짜임새 있게 도와 시적 감흥을 돋보이게 해준다. 긍정적 역할을 해나가는 완성된 감성의 세계를 샘터에서 발견하는 풍부한 역량을 더 조명해 보자.

## 4. 진리

　다시 이서영시인의 인생관을 보기로 하자.

더운 여름 밤낮없이
꿈꾸는 포도나무는
꾸불꾸불한 몸으로 길을 찾아
뜨개질하고 있다

삐죽거린 괭이밥의 잔소리도 들어주며
핏줄마다 통하는 문을 열어
해를 안고 왈츠를 춘다

먹구름이 몰려와
천둥치며, 벼락으로 해코지하여도
쓰러지고 다시 일어나 새살을 만들어
굳세게 살아간다
살금살금 심장을 갉아먹은
벌레들을 주먹으로 해치우고
동글동글한 보물을 만들어 〈중략〉
　　　　　　　〈해는 다시 떠오른다〉 전문

해는 삶의 희망이기도 하다. 모든 만물은 하늘을 향해 하늘과 맞서려는 의식 때문에 천상의 얼굴을 닮으려고 한다. 포도나무는 험난한 인생을 예고하듯 인간의 삶을 상징하고 있다. 인간에 길들여진 시어보다는 인간을 잘 이해해주는 시어가 더 진실성이 있다. 진정한 시는 독자를 초조하게 만드는 긴장과 충만감을 가지고 있다. '더운 여름 밤낮없이/꿈꾸는 포도나무는/꾸불꾸불한 몸으로 길을 찾아/뜨개질하고 있다//삐죽거린 괭이밥의 잔소리도 들어주며/핏줄마다 통하는 문을 열어/해를 안고 왈츠를 춘다.〈중략〉처럼 소리의 움직임은 어떤 사물의 가시적 현상으로 남다른 감수성이고 필자의 특이한 시적 감성이다. 뜨거운 언어들은 활동 및 행위에 있어서 남들을 수용하고 시라는 형식에서 벗어나지 못하고 체념으로 삶의 시간을 낭비하지 않고 비 개인 후 무지개가 뜨듯 절망을 극복하려는 긍정적 희망 속 시 구조를 더 살펴보자.


얽히고설킨 어둠의 고삐는
피죽으로 단장한 얼룩 속에
덩그렇게 내버려진 나를 삼키고
온몸을 파고드는 소용돌이로
숨통을 저울질 한다
점점 익숙해진 길목에서

붉은 아가미로 부채질하며
손짓 한다
깊은 밤 우울한 미라 되어
어두운 그림자로 얼룩진

나의 몸을 감싸준다
망자인 아버지 달무리 속에
찬비 내리고, 부서지는
어둠의 찌꺼기들을
떼어 낸다 〈중략〉

〈달무리〉 전문


한겨울 밤의 북극성은
파수꾼 되어 세상을 지키고
찌든 도시의 불빛은 찻잔 속에 녹아
포근한 잠을 잔다
아파트 정원 앙상한 벚나무는
찬 서리 맞으며
봄을 기다리는 여린 마음
하늘 향해 두 팔 벌려 기도를 한다 〈중략〉

〈오페라 하우스〉 전문

　많은 생각을 시로 천명하고 있음을 주목해야 한다. 그래서 그의 시 존재론은 인생론이다.라고 대입할 수 있다. 미라 되어 끊임없이 시에서 감싸고 있기 때문이다. 인생과 삶에 대한 오랜 통찰과 인격적 수양에서 배어 나온 정신적 깊이가 우리에게 주는 매력은 삶에 대한 열정과 진실성이 작품에서 잘 보여주고 있기 때문이다.

　그의 작품 태도는 문학에 대한 철저한 인식을 바탕으로 따뜻하고 심정적으로 수용하는 자세를 견지하면서도 작품 속에 몰입하는 자신만의 흡수력이 있다. 어느 대상과 일

윤기영의 詩론집

정한 사이를 두고 견지하려는 중용적 사상에 깨우쳐 있다는 것이다. 특히 문학론의 중심에 관류하고 인터넷 문화에 저변 확대하는데 가능한 흐름의 사고에 현실적 모형으로 언어 발전에 치중하는 성찰을 보여준다. 자기 갈등적 요소들을 우월성으로 추구하고 정신적 험난한 길의 인내로 자신을 탐구하고 있는 시대적 배경에 도달해 있다. 우리의 눈길을 사로잡은 시적 본질을 파악하고 지성인으로 감지할 수 있는 그의 탁월한 통찰력을 우리는 앞으로 더 기대해도 좋을 것이다. 벌써부터 두 번째 시집이 기다려진다. 시집 상재를 축하드립니다.

# 인생, 그 삶 속에 그려지는 영혼의 울림
### -그래, 이쯤이면 된거야_이용식 시집-

## 1 인생 영역을 뒤돌아보며

 인생, 삶의 영역에는 자연의 이치와 삶의 자아 발견을 반성하고 다시 지난 과거와 현실을 직시하며 삶을 명확하게 전달하기 위한 노력과 능력을 그려내고 있다 시는 자연의 이치와 삶을 재구성하며 현실을 직시하는 통찰력 등으로 순간순간을 자신의 영역에서 벗어나지 못하고 함께 탐구하며 살아가게 된다.

 첫 번째 시집을 상재하는 이용식 시인의 시를 일별해보면 남다르다는 생각이 든다 인생과 자연과 소통하려는 아이디어가 있고 시적 오감 등으로 시상이 주는 창작집념이 보인다 시의 전개 흐름 속에는 자연의 소리를 구분하며 낭만주의 근본을 찾아 여행하고 있는지도 모른다.

 우린 자연이 주는 간접적 체험을 통해 삶의 앞날을 볼 수는 없지만 자연의 순환을 지켜보며 계절이 주는 삶의 이치와 다르지 않다는 것을 시에서 많이 직시하고 있다.
 요즘 시의 모티프는 오프라인을 통해 많은 작품들이 지면을 통해 쏟아지고 있다 시의 저변확대는 좋은 점도 있지만 문학도는 피해를 받기도 한다 독자들이 바라보는 시선이 따갑기 때문이다 문학의 주류도 다양한 지금, 우린 어떤 관념에 대한 견해가 필요한지 고민해야 할 시기이기도 하다 시 쓰는 일은 감성만으로도 안되고 시적 사고가 타고나야 시의 묘사에 큰 발걸음이 된다 시는 시상으로 오는 시적 감성과 철학의 언어가 있어야 총체적으로 융합되고 문장의 통일성이 되었을 때 시인의 시로 주목받게 된다.

　이용식 시인의 『꽃이 피기까지』 들놀이 떠난 마음/인내하던 겨울 들꽃에도/행복이라며 슬쩍 얼굴 붉혀/두툼한 마음을 덮어주었습니다//봄처럼 화사하게 놀다/옥 잔디 풀숲에 하늘이 덮여/한여름 시시하게 사그라지면/손님 맞이 가을을 주워 담았네요//단풍 바람에 한 떨기 외로움 날려/아침 햇살에 무심히 쓸려나간/가을꽃도 둥지를 덮어 놓았습니다//계절 손님 하늘 향해/연지곤지 찍어놓은 길에는/옷고름 물들인 거울이 타올라/세월만 아련한 인사를 전합니다//산바람 맞은 얼음골에도/꽃잎 벌려 찾을 이 기다린다고 합니다. 『꽃이 피기까지』는 자연의 이치와 순환을 성찰하며 긴 겨울에서 봄으로 가는 여백이 그려진 감성시는 인생의 삶과 무엇이 다를까? 라는 질문이 던져진다 얼음골에서 겨울을 환기하는 시적 성찰은 시인의 마음에서 오감의 꽃으로 피어나고 있다.

　절제된 언어 감각은 시인의 숨결에서 고스란히 보여주고 있으며 다음 시인의 감성과 성찰이 기다려지는 것은 삶의 오감을 여과시켜 정제된 서정시 세계다.

별이라 하면

구멍 난 하늘 주인인 별은
구름에 숨어 빼꼼히 인사하고
별이라 했나보다

한날은 구름이라기에
노을 진 하늘 빼앗긴 구름이
바람에 숨어 붉게 물들이다
구름이라 했나보다

바람이 속삭이다 지칠 때쯤
한낮 소나기 내려준 하늘 안
달빛에 숨어 살짝 바라보다
바람이라 했나보다

별을 꿈꾸던 구름도 바람에 오르고
구름을 꿈꾸던 바람에 별이 비출 때
천장을 바꾼 시절이 여름에 멈췄네

졸리다던 달의 배웅도 하늘을 내어주려나 보다.

「바람개비」 전문

 이용식 시인의 『바람개비』 시는 밤의 성찰이다 우주라는 공간에서 펼쳐지는 하늘과 별의 속삭임은 시인이 바라보고 느낀 성찰이라 본다 누구나 느끼는 성찰이지만 글로 표현하는 방식에 따라 달라진다는 것이다 『바람개비』라는

윤기영의 詩론집

주어에서 오는 감성을 견인하고 있다 시의 바람 소리를 듣고 움직이는 물체의 별과 구름을 영상으로 담아내는 삶의 일부로 자리 잡고 있으며 현실을 직시하는 형상화들이 얼마나 중요한지 보여주고 있다.

『꽃이 피기까지』『바람개비』 시는 진솔하게 순화된 인간 성찰의 미적 표상이다 시인의 삶은 자연의 이치에서 빚어진 현실과 내면 풍경의 묘사와 삶 속에 그려지는 시적 호흡을 통해, 성찰의 시는 원동력이다 계절이 주는 의미와 우주 만물의 이치를 잘 이해하는 시인의 자세가 더욱 시의 발전을 엿보게 하는지도 모른다 시인은 한정된 공간에서 시적 울림이나 감성적 시가 가지고 있는 단어의 의미가 무엇일까? 질문을 던지며 상상 속에 잠길 때도 있지만, 진솔하게 성찰하며 스스로 시의 문장을 터득하고 영혼을 발췌하는 것은 그 해답을 찾기 위한 감성적 여행이라 말한다.

 다시『별 하나』마음을 다 움켜쥔/숨결은 아픔이라 말합니다/늦게 본 하늘에 소망이 자라//능선에 걸친 허탈함에/멍든 맘이 비틀거립니다/머물러 줄 허공엔 단비가 날려/등 떠밀린 아픔을 씻겨준 데도//멀미 난 별 하나 흔들립니다//매 맞은 눈에 비춘/마음은 아직 기쁨이라 합니다/익숙한 설렘으로 출렁인 연못엔/별 하나의 얘기로 밤을 지킵니다//어둠을 삼킨 별 하나/밤새 펑크 난 가슴을 채우나 봅니다/그런 후 다시 봄...『별 하나』의 시상에는 기다림에 지친 꿈과 희망이라는 갈림길에서 인생을 발견하고 견인하는 역할을 수행함으로 누군가 분담해 주어야 하는 세상 이치를 보는 듯하다 계절을 통해 늘 부족한 것을 채우며 나누어주며 살아가는 것은 인생 그 가치가 아닌가 생각한다 별이 주는 의미는 순수함의 결정체 우주의 이치에서 시의 연대성을 갖고 접근한다 시와 삶의 접근성은 심상에서 오는 심리적 갈등이다 정서적으로 삶에서 오는 절실한 삶의 온도인지도 모른다.

『꽃이 피기까지』『바람개비』『별 하나』 등에서 보여주는 것은 자연의 이치다 인간의 삶과 자연은 더불어 순환하며 환기하며 살아가는 공통점 등이 있다 언어 묘사는 자연미의 발견이며 풍류시를 이해하는 중요한 이치가 된다 삶의 긴 통로에서 얻어지는 진리와의 싸움은 외롭고 힘들지만 외롭지 않게 하는 긍정적 마인드가 시를 쓰게 하는 원동력을 만들어 준다 인생역경을 그려내는 진솔함은 따뜻한 소통의 감성으로 시작되고 있다.


## 2. 자연의 진리와 깨달음

 이용식 시인은 자연으로부터 살아가는 방식을 터득하고 있다 시에서 보여주듯 삶 속에는 문득 하늘과 대화하듯 성찰하고 인생 길목에서 자연의 이치에 서서 바람 소리와 대화하며 위로도 받고 때론 희망의 메시지도 던져본다 그런 삶 속에 그려지는 시인의 자리에 서서 침묵을 그려내며 살아가는지도 모른다.

 시인의 시를 잠시 살펴보기로 하자, 정서적 표상들은 진정성의 묘한 향기가 순환하는 시대적 기억이다 삶에서 오는 둔탁한 발소리는 새로운 꿈과 희망의 메시지인지도 모른다 여명의 빛을 그리워하는 발걸음은 무겁기만 하다.

『위로의 창』바람에 흔들린 낯익은 그림자/새소리 얹어 감긴 눈을 넘나든/감정의 골엔 된 숨소리 내뿜어/마실 가자며 무채색 신경을 깨우면/힘 풀린 웃음 지으시네//때 잃은 매미 목청 자랑을 하는/병동 옆 벤치 아랜 낙엽이 둥글어/잃어버린 두어 달을 말해주면/잡아주지 못한 짧은 면회가 아쉬워/긴 숨을 울음 지으셔//파릇한 잎새는 저물어 가는데/농담 잃은 입술은 여전히 쉼하고/쩡쩡 울린 목청도 여전히 쉼하는/마중하던 이른 오후 아빠의 병실엔/바람에 떨리는 잎새의 흐느낌으로/아파진 호기심도 졸려//감싸 안은 마음에 살 오른/아침햇살 닮으신 미소로 오셨으면『위로의 창』등『마음 안 풍경』줄줄이 꽁무니 불 밝히고/눈매엔 검은색 두르고서 어디로 달리나/뒤태 보여 멈춰 선 저 길엔/하얀 몸에 검은 점 두어 개/두 눈 뜨고 달려온 저 길엔/검은 몸에 하얀 점 두어 개//검은 줄 나란히 받쳐 들은/몸짓엔 주황 눈 뚫어 차고 가까이 오지 말래/산허리를 양 줄로 오르면/초록 몸에 노란 물결 일렁이고/산허리를 양 줄 타고 내리면/파란 물결 헤엄치는 가을 바다//덜컹거리며 달려간 이길 너머엔/눈을 뜨면 눈에 담을 눈길/마음 열어 가슴에 담을 마음길/긴 숨 쉬어 코 끝에 베일 향기길/가을을 뚫고 달려간/아름드리 상상으로 느껴볼 사랑길.『마음 안 풍경』

『자전거 타고 가는 길』장석주 시인. 저문 시골길을 민간인 하나가 자전거를 타고 지나간다/시골의 길들이 대개 그러하듯이/인생의 길들은 비포장이다/길 양 켠 웃자란 고추밭 위로 털뭉치 같은 어둠이 툭툭 떨어져 쌓인다/저 아래 물이 가득 찬 금광저수지에 뜬 달은/은박지를 오려

붙인 것 같다/달 아래 새들은 세계의 어떤 쓸쓸한 징표다/빽빽하기만 한 가난도 조금은 헐거워지는 밤/어디선가 아이가 자지러지게 운다.

 이용식 시인의 『위로의 창』『마음 안 풍경』과 장석주 시인의 『자전거 타고 가는 길』 시 내용은 다르지만 자연적 이치와 시간적 흐름에 대한 성찰에서 삶과 인생이라는 공통점을 발견하게 된다 이용식 시인은 시간적 마음의 창이다 시인이 정서적으로 느꼈던 아픔 등이 그대로 직시하고 있어 더욱 애잔한 인생 풍경인지도 모른다 그렇듯 장석주 시인의 시는 가난한 시절을 잘 그려낸 시절의 풍경이기도 하다 그 진솔한 삶을 그려내는 사람들의 기대감에 의지하며 꿈꾸는 자유의 세계인 듯 진리를 그리고 있다.

 시인은 다시 『마음에 걸린 풍금』 안개 송이 휘 이감은 강어귀/앉은뱅이 코스모스 눈을 가리면/가을을 아름아름 먹어 온/귀뚜라미 깨우던 바람 소리 눈물 나/길어진 기다림에 오르내리던/한밤의 이야기 소리 구슬퍼//옥 구름이 덮고 지난 담장 넘어/주르륵 빗줄기를 매만진 처마엔/아침 까치 날아들어 노래해/대문 활짝 열고 반기던 임 오려나/길어진 기다림은 올 듯 말 듯/마음에 남긴 기다림은 빈 메아리//별빛 옆 달빛이면/마음 울리던 긴 그리움을 알겠지/마음 옆 소망들도/귀를 간지럼 태울 간절한 걸 알겠지.『마음에 걸린 풍금』

 시는 모두 가을 경치와 지난 시간과의 교감이 오가는 시간적 울림이다 시인은 시상을 통해 얻어지는 감성적 차이를 느끼며 성찰이 얼마나 절실하고 각별한지 실감하게 하

윤기영의 詩론집

는 시어이다 마음의 풍경 속에 그려지는 세월만큼이나 순수하고 아름다운지 그대로 보여주고 있다.

 시의 호소력과 시의 깊이를 확보하고 있어 (독자)의 마음을 움직이고 있다 우린 다음 시에서 또 다른 인생을 만나보자.


나 여기 있을게요
눈 감고 그냥 와도 돼요

오가던 그 길엔
텃밭이 잠들고 편의점이 눈떴네요
눈뜨면 누구는 이사 가고
새 간판 옷을 입은 큰 몸짓이 앞을 가려요
오시다가 낯설 거랑
눈감아 꽃향기를 찾아요
당신이 찾아올 여기입니다

나 여기 있답니다
눈 감고 와도 좋아요
널따란 사거리에서 마중할게요
조금만 있으면
버스 길에 꿈들이 올라 있을 거예요

나 여기 있어요
꿈 이야기 들려줄게요.

「꿈에서도」 전문

땀을 흘려
엄마의 하루를 맺는 일

아침을 울리는 분주함에
차가운 바람도 물러가는 하루엔
줄어든 일들로 뿌듯한 미소엔
귀한 떨림이 먼저 오네요

해 짧은 하루가 무심히 흘러도
빼곡하게 자라나 일하던 소리도
곁에 있어 의미를 만들어간 날엔
아름다울 하루였다 할래요

잠시 내어둔
엄마의 일손을 덜어준 일에
꿈에도 웃어줄 정겨움입니다.

「후회 없는 삶」 전문

빌려온 시간을 나누어 쓴
미소 하나가 인생 여행을 합니다

부드러워야 할 시간 속 표정에선
보랏빛 세상이 푸른 하늘을 막아서면
한눈팔던 청춘은 희망을 따랐고
길어진 욕심을 보기도 하였습니다
남들이 가는 길이어서
그게 최선인 줄 알았나 봅니다

중년을 지나온 안타까운 시간에야
온화한 눈빛에 들어온 마음에 색에도
가슴으로 쓴 인생에도 확 트인 빛으로
넓어진 마음을 비우고 채우면서도
그리웠을 시간들은
소꿉장난하듯 지내왔나 봅니다

또 하루를 오려 붙인 계절 이야기엔
절반의 이야기가 쌓여있다 하네요
오늘도 빌려온 여행길에
주워 담은 가을 이야기에 미소를 그립니다.

「자화상」 전문

이용식 시인은 삶의 그림자를 발견하는 인생이 남다르게 보인다 세 편의 시에서 삶의 그림자와 후회 없는 삶이란 질문에서 자연의 이치는 봄을 상징한다 기다려지는 삶들이 마음의 꽃으로 환기하고 있으며 『꿈에서도』라는 시를 통해 진리를 보고 있다.

『후회 없는 삶』『자화상』 두 편의 시는 인생을 보여주듯 시인과 밀접한 관계를 유지하고 있음을 다시 보여주고 있다 가족을 돌아보는 시간이나 자신을 돌아보는 자화상을 통해 얻어지는 삶은 성숙해가고 있음은 인생 갈무리로 적절하게 보여주고 있다 시인과 사물 사이에 동일성으로 접근하고 공감을 이끌어 공존한다는 것을 다양하게 잘 나타내고 있다 시인은 삶의 환기를 발견해 줌으로 어떻게 살아갈 것인지에 대한 성찰의 시간을 가져보기도 하고 자연이 주는 의미를 사랑하며 감사하게 생각하며 사회의 일원으로 따뜻한 온도를 유지하고 있음에 긍정적 마인드에 절실하게 공감하며 살아간다.

1부. 『꽃이 피기까지』『바람개비』『별 하나』는 삶과 자연의 이치에서 끊임없는 성찰을 통해 우리네 삶과 자연 소통의 창을 만들어 줌으로 순환하며 성찰에 이르게 된다 2부. 『위로의 창』『마음 안 풍경』『꿈에서도』『후회 없는 삶』『자화상』을 통해 사회의 일원으로 보고 느끼는 소통의 창은 시인이 소유하고 싶은 마음을 그대로 직시하며 자아 발견은 시와 여행하고 있다.


### 3. 자연이 주는 인생 여행 중

시인은 삶을 추구하고 질문을 던지며 조명하고 있다
삶의 치열한 현실 인식은 적응하기 위한 독백 구조로 시와 타협하며 나름대로 삶을 성찰하며 사는 것 같다 가끔은 현실을 들여다보고 호소력 있는 언어 묘사와 시의 개성을 살려 독창적으로 주입하고 있음을 보여주고 있다.
『삶의 나이테』 인생 여행 중 세월을 새긴/눅눅한 삶에 물들어가다/잘 그려진 인생곡엔 뽀송한 빛이 내려/유유히 스친 소중함이 살며시 앉아/시간을 써준 인연으로 문을 열었네//또 하루의/창문이 열리고/중년의 삶이 그네 타듯/삶의 리듬에 묻혀 울림을 받아도/지나온 나이테엔 둥그런 웃음이 서 있다//마음으로 그린 웃음 골엔/들놀이 떠날 반가움이 춤추고/서운함을 밀어낸 미소엔/고움을 찍어줄

젊은 초상이 웃는다/어제처럼...『삶의 나이테』속에 그려지는 감성은 어느덧 가을이 다가왔음을 말하고 있다 중년은 나이만큼이나 곱게 물들어가는 단풍에 비유하기도 하지만 나이테 속에는 시인의 삶이 그대로 드러나 있다 지난 초상들이 있다면 다시 올 초상들도 있는 법, 우린 그 풍경에 소박함을 느끼며 자유롭게 사는지도 모른다 가을은 어디론가 떠나고 싶은 마음만 앞서고 있음을 예시하고 있다. 우린 자연의 이치를 바라보며 내가 늙어가는 지난 시간을 후회하곤 하는 게 인생의 참맛인지도 모른다 시인이라 얼마나 다행이든가 과거와 현실을 여행하며 살고 있으니 말이다.

　다시 『감성 반올림』마법에 걸린 가을 오후/햇살 놓아둔 마음 정원을/오르내린 목소리 맑음일 때/달콤한 감정을 날리던 허공 향해/읊조려 불러볼 바람의 숨소리/우리 둘 사이 마음에도/핑크빛 마법을 걸어본다//낙엽이 춤추는 오후/가을 내리는 숲속의 인사로/열린 가슴엔 오색의 단풍이 춤추면//졸졸 흘러내리는 계곡물/나머지를 일구어둔 텃밭에도/두 손 잡아 부른 외마디 속삭임으로/우리 둘 사이 맹세로는/두근거릴 떨림을 맞아본다//하늘정원 열어둔 오후/한 마디씩 커진 잔잔한 부름 되어/반을 더 채운 감성은 일주문에/둥그렇게 차오른 감성을 매달아 놓았다/거기에 두 마음 있어 다행이다, 『감성 반올림』반올림 속에 그려지는 지성인다운 면모를 발견하게 이른다 우린 마법에 걸려 사는지도 모른다 매번 돌아오는 계절을 맞으며 이제 그 나이만큼 물들어가고 있음을 애써 표현하지 않아도 가을로 가고 있다는 것을 이렇듯 시인은 사물을 통해 오감을 느끼고 성찰하며 글로 표현하니 얼마나 좋은 직업인가 늘 가슴에 도사리고 있는 언어를 글로 풀어 놓을 수 있는 사물의 주인도 시인이 아니던가 시인의 성찰은 삶의 재발견이다.

『삶의 나이테』『감성 반올림』을 통해 인생의 반환기를 맞이하듯 시인이 말하고 싶어하는 시적 사색은 정확하게 드러나고 있다 『나이테 반올림』을 통해 자연의 이치와 시인이 살아가는 감성의 소통은 현실에 부응하고 있음을 발휘하게 이른다 그 중심에는 시인이 하고자 하는 시의 영역에 공존하고 있음을 보여준다 우리 인생이 찬란하지는 않지만 자유로운 서정의 감성 꽃을 피워볼 일이 아니겠는가.

 위처럼 시인의 마음에는 영원히 떠나지 않는 시적 오감을 통해 시를 적는 일이 일상화되어가고 있음을 보여주는 것은 나의 마음을 직시한 공간은 독자와 소통하는 영역을 확보하고 있음을 보여주게 이른다.


과하지 못해
떨어진 땀방울의 몸짓은
찰나만 허락했었나 봅니다

태연한 척 애쓴 욕망에도
순간을 맛깔스레 흩어둔
고움을 펼쳐 놓았나 봅니다

빛나고픈 연인의 향기

윤기영의 詩론집

잠깐 스쳐 간 어우러짐
나눔을 꿈꿔온 노을 강변에
고운 빛 하나둘 달라붙으면

치우친 인생길
운명을 마주한 풍경화에
우연이란 쉼표 하나 툭툭 뿌린 인생
행복 방긋 인 입술 울림에
맞닿은 설렘이 시작이라고 합니다.

「순간의 미학」 전문

 이용식 시인의 인생길은 흑과 백이 뚜렷하게 보인다 인생은 순환하듯 계절도 순환하는 삶의 환경에서 함께 공존하며 살아가고 있음을 제시해줌으로 시간적 흐름은 전형적인 시의 성지가 되어 마음은 교차하고 있다. 자연의 이치와 삶의 공존에는 모든 만물은 마음으로 소통하기에 시적 모티브가 성찰로 자리 잡고 있다.

 『너울 그 너머』 움푹 파여 싸늘한 선착장/나른한 하루는 노을에 잠겨/황혼의 서글픔을 끌어안아/긴 일렁임에 놀라/어깨동무 흩어진 파도 골에도/고개 들면 깊은 한숨 내쉬어/질펀한 마음의 쪽지를 씁니다//돛대에 매달린 버선 신발/머리에 이고 온 노을 구름/등에 지고 온 파도 잿빛 바람/널따란 소리에 눌려/숨통을 열어 달음질친 하얀 눈에도/파도의 노랫소리 울려 퍼지면/윤슬에 눈 맞춘 날개 비 내려요//행복을 좇던 가슴에/울림 되어 밀려올 사랑이 오나 봅니다. 『너울 그 너머』를 통해 관조하는 시인이다 노을에 물든 석양은 나이만큼 비유해 줌으로 서글퍼지는 세월을 그대로 노을과 파도로 그려내고 있다 인생을 보여주는가 하면 쓸쓸함을 공존하고 있음을 보여 준다 바다 위 돛단배의 외로움과 쓸쓸함을 잘 보여주고 있다 어떤 것이 진정한 삶인가 마음이 묻는다.

『순간의 미학』『너울 그 너머』는 시인의 철학이다 인생의 이치를 돌아보고 답답함을 호소하고 있듯 시 정신이 무엇인지 터득하고 있음을 보여준다 서정시의 시어 선택과 언어의 전문성을 보여주고 있는 연결 문장을 발견하게 된다 전체적으로 문장을 이끄는 데 수행 역할을 잘하고 있다.

 이용식 시인의 시 정신에 순수하게 정제된 언어와 질감이 기다려진다 투명하고 절제된 언어 탐구의 진행형을 다시 보자.


온종일 넘실넘실 이던
파도 바람 위로 너른 품 안에
비춘 하늘엔 쏙 껴 넣은
찬바람만 지나
기대감으로 올린 두 눈엔
배고픈 듯 울상인 하늘이 열리면

늦은 가을을
배불리 먹은 하늘
댄 바람에 맞서던 들새 성급히
도망친 처마 밑

윤기영의 詩론집

종일 울었던 연도엔
아지랑이 일어
추위 타던 가을을 배불리 먹어도

그림자 드리운 눈으로
수줍게 열리던 하늘 안 사람은
울컥거리다 돌아선 사랑을 줍는다.

「회색빛 하늘」 전문

나뭇잎에 흔들리던
노을 비 해름을 수놓아
붉은 바람이 펼친
숨 돌린 하루 향기론
하루를 빌려 쓴 인생엔 울렁임이
마음 깊이 스미게 합니다

고움을 말하던
침묵 슬쩍 허세 부려 말하면
말 못 할 아쉬움은
황혼의 사랑으로
그대 곁에 머물던 삶으로
붉게 타들어 가려 합니다

우연을 마주한
울림은 가고 싶은 일상에 침묵해
떨림을 내어두려
하려거든 하늘 울림에

먼 훗날 꺼내어볼 미소에
올려놓았으면 합니다.

「침묵 같은 울림」 전문

 시인의 사색에서 진한 울림이 전해지고 있다 지난 시간이 밀물처럼 밀려왔다 가는 것은 순간의 포착이 아니라 시인이 가지고 있는 감성이 그대로 보이기 때문이다.

『회색빛 하늘』『침묵 같은 울림』 등에서 비유를 통한 풍자, 은유를 통한 반어법으로 영감을 얻어 묘사하고 있음을 보여주고 있다 시인의 성찰은 특유할 만큼 언어 구사가 남다르다고 본다 자기만의 특유한 문체에 질문을 던지며 시를 쓰려는 그 열정에 있다고 봐야 한다 지금 시인이 추구하고 지향하는 시 방향을 다시 진지하게 논의할 시간이다.

『회색빛 하늘』 온종일 넘실넘실 이던/파도 바람 위로 너른 품 안에/비춘 하늘엔 쏙 껴 넣은/찬바람만 지나/기대감으로 올린 두 눈엔/배고픈 듯 울상인 하늘이 열리면 1단락에서는 날씨와 하늘 풍경을 그대로 보여주고 있다 지상에 있는 만물이 익어가고 있음을 그리고 있다.

 늦은 가을을/배불리 먹은 하늘/댄 바람에 맞서던 들새 성급히/도망친 처마 밑/종일 울었던 연도엔/아지랑이 일어/추위 타던 가을을 배불리 먹어도 2단락에서도 곡식이 익어 배불리 먹는다는 반어법을 사용해 줌으로 시의 언어 구성이 남달라 보이기도 한다.

그림자 드리운 눈으로/수줍게 열리던 하늘 안 사람은/울컥거리다 돌아선 사랑을 줍는다 3단락에서 정서적으로 전해지는 감성의 온도를 음미해보는 시인의 양식이 되어가고 있다.

『침묵 같은 울림』 나뭇잎에 흔들리던/노을 비 해름을 수놓아/붉은 바람이 펼친/숨 돌린 하루 향기론/하루를 빌려 쓴 인생엔 울렁임이/마음 깊이 스미게 합니다 1단락에서는 진한 가을 향기에 잠시 머물러 보는 시간이다 섬세하게 들려오는 바람 소리 붉게 물든 가을과 노을의 경치를 그려낸 시인의 사색에 잠겨보는 시간이다.

고움을 말하던/침묵 슬쩍 허세 부려 말하면/말 못 할 아쉬움은/황혼의 사랑으로/그대 곁에 머물던 삶으로/붉게 타들어 가려 합니다 2단락에서도 은연중 어느 지점에 와있음을 예시해 줌으로 그 사랑의 의미는 가을 곡식만큼이나 풍성하게 기다린다.

우연을 마주한/울림은 가고 싶은 일상에 침묵해/떨림을 내어두려/하려거든 하늘 울림에/먼 훗날 꺼내어볼 미소에/올려놓았으면 합니다. 3단락에서 긴 여정의 길을 제시해 줌으로 정서적으로 느껴지는 지면을 보면서 인생은 여정의 길이기도 하지만 희망이라는 단어가 지탱해 줌으로 끊임없는 계절 속에서도 인생은 아름답다고 말한다.

시인의 감성은 여러 경로를 통해 얻어지는 성찰이다 인생과 자연의 철학 앞에 펼쳐지는 향수 같은 현실에 대한 애착 등이 인생을 이끌고 가는 전환점에 도달해 있다.

『삶의 나이테』『감성 반올림』『순간의 미학』『너울 그 너머』『회색빛 하늘』『침묵 같은 울림』 등에서 시인의 투철한 시 정신세계 보인다 시인의 성찰과 감성을 통해 보상받고 있는지도 모른다 말하자면 시를 통해 자연의 섭리에 순응하는 자세로 소리를 듣고 그 소리의 울림을 독자와 소통하는 것 또한 진정한 목소리가 이닌가 싶다 시에서 보여주는 시상은 자기중심의 존재론에 천명하고 있음을 일괄하고 있다 시에서 끊임없이 대두되고 있는 인간 존재에 대한 질문들은 삶과 자연이 주는 틀 속에서 내가 하고 싶은 말을 글로 표현하고 있는지도 모른다.

## 4. 인생은 자연과 동행한다

 삶의 방식과 이치에서 오는 오감을 이해하고 감지하는데 많은 시간이 걸리지 않을 것 같다 지금까지 보여준 문장의 온도는 이미지를 형상화하는데 많은 시간을 할애했을 걸로 본다 시인이 선택한 소재들은 충실한 감성과 순수한 감각으로 표상하려는 작업이 진행되고 있음을 시에서 보여주고 있다.
 우리는 여기서 시인의 심장에 멈추어 보기로 한다 『이기철 시인의 그늘은 나무의 생각이』『나희덕 시인의 기억의 자리』『박두진 시인의 별』 등처럼 국민으로 사랑받는 시들의 주류는 사랑하는 사람을 비유로 등장하게 하는 시들이 많은 사랑을 받았다 그렇듯 이용식 시인의 시도 독자로부터 사랑받는 시인이 되어주길 바란다 시는 독자와 함께 공감을 주는 언어 선택으로 시대적 삶이 그려지며 오랜 기억에 머물 수 있어야 한다.

이용식 시인의 『그래, 이쯤이면 된거야』 독자와 소통하는 시집이 되었으면 한다 잠시 기다려지는 시의 감성으로 다시 들어가 보자.


바닷가 지키던
갈대숲 순백의 순정에
가지런한 바람 한 줄 불어오면은
얕은 바다 파란 세상 창엔
점점이 겨울을 그려가네요

겨울인 듯 입김 받아
아픔이던 순간에도
혼자인 듯 눌어붙은 하얀 바람
들어올 속도로 날려 오면은
손바닥 흩어간
한 뼘의 텃밭엔 바닷속 화선지
물살이 지나다 그림을 그리네

숨 알 방울 햇살 받아 반짝이고
구멍 뚫린 바닷속 하늘엔
춤 추이다 그려놓은 풍경이 애닯어라.

「겨울 수채화」 전문

술래잡기하려다
인생은 가을을 맞았네

기억을 누르던 실바람
간절함 깨우던 고상한 마음 테에
무르익은 내음으로 삶이 배부르면
그제야
하루해를 올려다볼 수 있었다

덕장에 말린 삶을 안은
절반의 꿈을 지어
목마른 생을 나누어 쓰였다

소소한 빛을 쪼인 살결에도
밝은 빛에 고운 그림자 하나 두어
남겨둔 반백의
주인공 진솔한 꽃으로 찾아주었다

파스텔 빛으로
중년의 가슴을
활활 물들여놓으려 함이다.

「중년의 삶」 전문

 이용식 시인은 시를 통해 자신의 삶을 되돌아보는 성찰이 돋보이고 있다 자신의 의무와 책임감이 시에서 긴 침묵을 깨고 다채로운 빛을 오감으로 보여주고 있다.

『겨울 수채화』에서 보여주듯 시간적 함축으로 보여주는 섬세함은 영상을 그려내는 창밖 바람 소리를 청각적으로 감지하고 있다 '혼자인 듯 눌어붙은 하얀 바람/들어올 속도로 날려 오면은/손바닥 흩어간/한 뼘의 텃밭엔 바닷속 화선지/물살이 지나다 그림을 그리네.' 시에서 보여주는 삶의 언저리에는 마디의 소리를 함께 공감하고 있음을 보여준다.

『중년의 삶』에서도 중년의 삶을 그대로 직시해 줌으로 가을과 겨울은 삶에서 얼마나 중요한 나이인가 보여지고 있다 시인은 자연과의 교감을 나누며 그런 과정이 친구가 되어가고 있음을 제시하는 시적 언어가 보인다.

인생 여행에 더해간
삶을 포 게인 소리의 기억에도
차곡히 남을 이름의 핼쑥함은
추억 따먹기를 넘기려 함이네

속보 여준 씁쓸함이
새살 돋아 울렁여 간다고 해도
씀씀이 용기 담을 쇼윈도 안
참사랑이 추억을 넘겨 덮더니

갈색 머리 흩날리다
가을을 쓸어간 포구 안 물소리에
내건 사연이 흘러와 품어주면
오가며 내딛던 추억을 꿈꾸어도

기다림을 겪다가
기운 차릴 겨울을 안주하면

밝음이 도란도란 엮어 써나 갈
따라쟁이 추억여행을 떠납니다.

「추억 더하기」 전문

 이용식 시인은 『추억 더하기』 만들어 줌으로 인생 그 자체가 시로 보여주고 있다 수많은 세월 순환을 통해 시인이 하고자 하는 감성적 철학을 통해 독자와 동행하고 있음을 말하고 있다.

 『겨울 수채화』『중년의 삶』『추억 더하기』를 통해 승화되어 가는 과정을 지켜보고 있다 이용식 시인의 시는 계절과 자연의 이치에서 오는 여행의 성찰, 인생 삶에서 그려지는 순수한 서정시다 중년의 삶처럼 물들어가는 계절을 비유해 줌으로 '추억 더하기'로 진솔하게 형상화하고 있음을 말하고 있다 그래서 인간미가 시에서 나타나 있으며 순환의 시간을 흡인하고 있다.

 이제 이용식 시인의 시집 읽기를 마무리할 때가 된 것 같다 시인의 시는 직관적 눈으로 사물을 투시하고 시의 인식을 공식화하고 있다 시인은 감성에서 오는 심미안에 펼쳐지는 오감은 순수함에서 주는 진리와 결실을 맺으려 하는 메시지가 승화되어 가는 과정에 인간사의 변주곡이 되어 간다 시인은 이러한 과정을 통해 발전하는 언어에 대한 성찰로 새로운 관점에서 창조하는 시법을 인식하게 된다.

윤기영의 詩論집

이용식 시인의 시는 여행의 거리에서 사물의 대상과 일치된 모습을 엿보게 한다 시의 이미지 영상 발견은 지성과 감각이 항상 동행한다는 뜻이기도 하다 시인의 통찰력을 기대해도 될 것 같다 시상 속에 그려내는 언어는 남다른 묘사성 통찰력이 돋보인다 삶과 자연을 사랑하는 서정 시인으로 발돋움하는 시인이다 시의 내면에 잠재한 진실을 분사하는 서정적 시 정신을 발양하고 있는 시인의 정신을 높이 평가한다 함축된 묘사언어 개발로 최선을 다하는 시인이 되길 바란다. 시집 출간을 축하한다.

# 시인은 사색을 꿈꾸며
### 내 마음의 고향 이향숙 시집

## 1. 선명하게 다가서는 그림자

 시는 자신에게 있어 쓸쓸한 적막에 시들지 않는 생명의 원천이라고 한다. 필자는 사색을 꿈꾸며 지나온 세월을 되돌아보는 시집을 출간하였다. 지난 시간을 가슴으로 느끼고 가슴으로 전달하는 소통은 놀랄만한 일들이다. 필자의 언어는 순수한 마음, 투명한 유리처럼 맑아 가슴 깊이 떨림으로 남는다. 영혼의 위대함을 알리는 일이라 세밀하게 관찰하게 되는데…신앙적 시어로 전혀 어렵지 않은 필자의 시어를 읽으면 눈앞에 파노라마 치듯 그림의 장면들이 선명하게 다가선다. 그리고 그 장면 속에서 펼쳐지는 소리와 융합되어 시냇물 흐르듯 긴 여정의 시간 등이 판화 되어 그려져 있다.

 '내 마음의 고향'은 마음과 고향을 구분지어 긴 세월을 소통으로 널리 알리려 스스로 덫에 갇히게 된다. 마음은 삶의 의식이다. 사물을 통해 움직이는 생동감을 얻어 그 생동감은 모든 기억장치로 긴 세월동안 명감(銘感)을 주게 된다. 편집부에서는 필자의 시집을 상재하면서 많은 의견들이 오고갔다. 시집 제목까지도 열전이 되어 필자의 허락을 받아 밤을 밝혀야 했다. 시집 한권에 실려 있는 영혼들은 오랜 시간 동안 축척되어온 자취들로 '고향' 그 삶 속에 문학의 위대함과 가치를 들추어 본다. '내 마음의 고향' 작품에는 서정시의 본질이 들어있다.

### 2. 지난 감성을 찾아

 이제 이향숙시인의 '내 마음의 고향'은 어떤 형식의 구조로 형성되어 있는지 시의 감성을 찾아 출발해 보자.


내 마음의 고향은
책장처럼 차곡차곡 쌓여
보고 싶을 때 슬쩍 꺼내 보곤 합니다
언제나 그랬듯이 내 마음 속에는
고향이란 단어장이 만들어져
순서대로 떠오르곤 합니다

가을이 오니 단어장 사이로
단풍잎 빛깔로 젖어드는 세월들
젊은 날의 기억은 서서히 허물어져가고
추웠던 시절만 눈가에 아른 거립니다

나이 탓이었을까
하고 싶은 일들은 많은데
게을러지는 몸에 얽매어
그리운 세월만 발목 잡혀 있습니다

어느덧 눈가에 가을비가 흘고 지나가면

오색 단풍 길에 그리운 마음과 동행하며
마냥 걷고 싶습니다.
〈내 마음의 고향〉 전문

 시는 필자의 대표작이다. '내 마음의 고향'은 영원히 가슴에 남아 있는 기억 등을 사물을 통해 얻은 영감을 그대로 활자로 표출해내고 있다. 마음속에 책장 하나가 만들어진 단어장은 그만의 세상은 아니다. 수많은 세월의 앙금과 핍박으로 좋았던 기억과 싫었던 기억들은 디엔에이 속에 갇혀 언제든 밖 세상을 타협 없이 엿보고 표출할 수 있다는 말이기도 하다. 어쩌면 내 마음의 고향은 인생의 반려자 인지도 모른다. 시의 스타일은 직관적이다. 직관적 사고에 의해 본질을 핍진(逼眞)하려는 개성적인 서정시이다. 시의 언어와 그 조형의 틀에서 필자의 은밀한 감수성을 풀어서 실재 언어의 오묘함을 신선하게 조명하고 있다. 필자와의 정신 교감이 시의 내면을 살찌게 하는 그에게서 현실의 어두운 의식을 기대한다는 것은 결국 헛수고라고만 볼 수 없는 것은 직관적 사물 투시가 신선한 감동을 주고 있다는 점이다. 내 마음의 고향에 그려지는 인생의 관점을 더 조명해 보자.


잔잔한 그리운 마음이
빗물 되어 내립니다
산에도, 들에도, 내 마음속에도…

언제나 늘 그랬듯이
내 마음 속 깊은 곳에 자리 잡고 있는

윤기영의 詩론집

그리운 마음들, 그리고 보고픈 얼굴들

그리운 얼굴들이 빗줄기와 함께
빗물이 되어 잔잔하게 흘러내립니다

아름다운 꽃들과, 신록의 나뭇잎들이
빗물을 머금고, 싱싱하게 보입니다

비 오는 날은 마냥 걷고 싶습니다
그리운 마음들과 함께 하고 싶기 때문입니다
혼자 걸어도, 빗줄기가 다정하게
느껴지기 때문이지요 〈중략〉

〈그리움이 빗물 되어〉 전문

고향집 돌담에 수줍은 듯
피어있던 빨간빛 봉선화

유년 시절
그 곱던 봉선화 빛 연정으로 타는 밤
가실 줄 모르는 무더위로
잠을 잊은 시간도 지나갔다

고사리 손에 봉선화물 들이던
고운 추억 속 봉선화 연정으로
잠시 그날이 스쳐지나 행복한 시간 〈중략〉

〈봉선화 연정〉 전문

인천은 지난 날 추억의 여행이었습니다
나에겐 언제나 빛바랜 그리움이 함께했습니다

자유공원에서 내려다보이는 넓은 바다는
어머니 가슴처럼 나를 푸근히 안아주었습니다

옹기종기 모여 있던 주택사이로
전셋방 추억은 나를 반추했던 세월로
마음 답답할 때 올라갔던 향숙이의 공원
비릿한 바람 냄새가 코끝을 스치듯
선명하게 다가오고 있습니다 〈중략〉

〈하얀 그리움〉 전문

   필자의 감성에는 세월의 진한 그리움과 향수 는 삶으로부터 공감을 이끌어내는데 공통점을 가지고 있다. 빗소리로 하여금 봉선화 연정이 생겼고 하얀 그리움은 필자의 마음을 부유하다 만든다. '그리운 얼굴들이 빗줄기와 함께//빗물이 되어 잔잔하게 흘러내립니다//고사리 손에 봉선화 물들이던//고운 추억 속 봉선화 연정으로//옹기종기 모여 있던 주택사이로//전셋방 추억은 나를 반추했던 세월로//마음 답답할 때 올라갔던 향숙이의 공원//비릿한 바람 냄새가 코끝을 스치듯//선명하게 다가오고 있습니다'등의 중략된 세편의 시에서 삶의 진정성과 욕망에서 연유하는 것을 엿보게 된다. 욕망은 끝없는 갈증의 목마름을 외치고 있다. 필자는 삶에서 살아가는 이유를 만들고 그 삶의 지표가 됨으로 목적의 가치가 있지 않았나 싶다.

윤기영의 詩론집

## 3. 다시 기다려지는 세월

다시 이향숙시인의 사색에 눈을 돌려보자.


봄이 기다려져 봄 향기 맡으러
꽃가게를 기웃거리다가
노란 향기에 취해버렸습니다
상큼한 노란 유채꽃처럼
외로움을 한몸에 담고
긴 겨울의 지루함은
상큼한 노란빛 꽃빛으로
치유하고 싶습니다

외로움도, 마른겨울의 갈증도
노란 향기로 가득 채우고
새벽 공기만큼 신선한 기운으로
날 반겨주는 유채꽃 요정되고 싶습니다

새로이 다가서는 이봄에
화사하고 향기 짙은 꽃내음으로
새봄을 맞이할 생각을 하니
가슴이 뜁니다.

〈유채꽃 향기로〉전문

필자는 유채꽃 향기만큼 신선함을 지니고 있는지도 모른다. 유채꽃은 겨울에도 필 정도로 강인함을 갖추고 있는 꽃이기도 하다. 겨우내 아팠던 마음 한켠 씻어내고 다스리며 안도하며 첫사랑처럼 봄을 기다리고 있는지도 모릅니다. 필자는 긴 겨울을 통해 봄의 기다림을 예민한 촉수로 감지한 경험적 깨달음이라는 것을 알 수 있다. 시에 대한 논의는 그의 다른 시를 통해서 해결의 실마리를 찾을 수 있다. 항상 긍정의 세계와 낙관의 희망으로 열려 있는 봄의 향연 인지도 모릅니다. 시적 공감을 얻은 성취감에 한 목소리를 내고 있다. 유채꽃 향기로 이어지는 사색을 주시하게 하는 것은 필자의 예민한 감성과 그의 믿음 때문에 더 살펴보자.


어둠이 아직 머무르는
겨울 새벽기도로 새날을 엽니다

분명 오늘은 어제가 아닌
새로운 선물입니다

어제의 모든 일은
과거로 돌리고
오늘 현재로 새 마음 담아
오롯한 마음으로
주님께 다가섭니다 〈중략〉

〈빛과 소금같이〉 전문


윤기영의 詩론집

등은 하루하루 일상생활이지만 새벽을 맞이하는 필자의 존재는 그 믿음이 있어 행복으로 시작한다. 그 마음속에 존재하고 있는 모든 것은 믿음에서 시작되는 운명적 삶의 감성주의는 모더니즘이다. '빛과 소금같이' 시적 자아를 구체화하여 동반자 관계로 동행하며 새날을 기원하는 희망의 메시지 등은 필자의 하루하루 선물인지도 모릅니다. 필자는 그러한 환경과 이념 속에서 사랑하는 마음과 동행은 영원한 사랑을 바쳐 그것을 때로는 난잡할 만큼 정교한 시형으로 현실을 조명하고 정서와 삶을 반영하고 있으므로 심상과 자아를 발견한다. 다음은 필자의 정감을 살펴보기로 하자.


가을 향기에 취하고파
가을 산을 찾는다

오늘 가을 향기를 위해
갈바람 산들거리는
가을 들녘을 누벼본다

억새꽃 나부끼는 가을향연
코스모스 한들거리자
가을 들녘을 찾게한다 〈중략〉

〈가을 내음에〉 전문

가을의 미와 청각적 소리를 들으며 나름대로 즐기는 법을 유지시키고 있다. 가을이 주는 이미지는 시각을 청각으로 환치한 공감각적 표현이다. 붉게 물든 거리는 자연의 섭리에 사람의 마음을 움직이게 하는 원동력이 되어있고 청각적 소리는 마음을 이끌어내 마침내 상징으로 영원성에 연결되고 있다. 필자의 마음은 부푼 꿈의 세계로 반영하고 사물의 소리는 자연에서 오는 그 정서를 아름답게 반영하고 있다. 자연으로부터 주는 균형적 삶의 의미가 크므로. 필자의 행보를 더 살펴보기로 하자.


따사로운 가을 햇살 드높은 하늘
알록달록 코스모스 꽃무리들

아, 가을은 이렇게도
아름다운가

사람의 마음도
이렇게 곱고 아름다울 수 있다면
삶이 그리 넉넉지 못하더라도
가을 자연을 바라보며 즐기고 싶다

두둥실 떠가는 흰구름과
자연스레 아름다운 가을 들녘을 보며
깨끗하게 정화되었으면 〈중략〉

〈가을을 느끼며〉 전문

 감동을 준다. 필자는 정서적으로 보고 느끼는 감정들이 남다르게 느껴진다. 어쩌면 사람들은 표현 방법에서 많은 갈림길이 생긴다. 어떤 표현이냐에 따라 감동을 받기 때문이다. 인간은 결국 자연으로 환원하는 것이고, 죽음은 인간의 운명이고 영원한 자연의 섭리인 것이다. 우린 계절에 대한 감성이 민감하지만 계절마다 자연이 주는 모든 조건은 인간을 닮아가고 형상화하고 있다는 것이다. 자연과 사람은 서로 공존하며 진화하며 순리속에 살아가고 있음을 암시하고 있다. '가을을 느끼며' 넉넉한 마음을 엿보게 된다. 인간사 마음을 내려놓고 살수 있다면 그 보다 행복한 것은 없을 것이다. 시적 자연의 아름다움을 다시 필자를 통해 살펴보자.


친구와 시골 나들이로
한껏 시원해진 마음으로
집으로 돌아오던
석양의 아름다운 모습

아름다움을 담고
잠 들었는데
여지없이 한소끔 자고나니
잠은 멀찍이 달아나고
밤하늘이 초롱초롱한 별과 달이
날 친구하자고 한다

까만 밤에
모두가 잠든 고요한 이 시간
항상 그랬듯이
난 이 고요함과 고독이

날 숨 막히도록
명상의 세계로 잡아 끌어들인다 〈중략〉

〈겨울밤에〉 전문

   직관의 눈으로 사물을 투시하고 그 사물을 통해 심상화한다. 필자의 시는 '항상 그랬듯이//난 이 고요함과 고독이//날 숨 막히도록//명상의 세계로 잡아 끌어들인다//중략으로 다음을 간음하게 한다. 진솔함 마음은 그림처럼 펼쳐져있다. 매일 지나가는 시간이지만 감정에 따라 표현도 다르고 감성도 다르다. 필자가 수많은 이미지를 제시하여 독자로의 감성적 체험을 시적으로 유도하고 있다. 필자의 심리적 거리가 대상과 일치된 모습을 엿보지만 곧 감정을 절제하는 지성에 의해 통제됨으로 새로운 감성적 아름다움의 시가 겨울밤의 명상으로 신선한 감동을 줄 걸로 보며 존재의 실체가 자아 성찰로 향하고 있는 삶의 진실한 모티브를 더 지켜보자.


빛바랜 여름날
잿빛 하늘과 친구하며
여름을 떠나려하는 계절에
마음 속 간직했던
소중한 추억으로 달려갑니다

고향에서 동네 친구들과
책보자기 허리에 질끈 메고
산으로 개울로 뛰어다니던

유년 시절의 빛바랜 추억으로
고향집은 허물고 다시 지어
당숙 어른이 산다는데
가보고 싶은 마음 굴뚝같은데
왜 그리 어려운지
언덕위에 하얀 교회는 이미 없어졌고
길가 미나리 밭에 우뚝 서있던 호두나무도
베어내 없다는데 〈중략〉

〈옛 추억으로〉 전문

원천적인 존재로서의 고향에 대한 향수로 결합으로 정서의 본질은 추억이라는 사실을 확인시켜주고 있다. 추억은 필자의 상징성이 되어가고 있다. 자유의 힘을 상징으로 생각하며 짝이 없는 인간의 실상을 슬퍼하기도 한다. 시인은 낭만주의를 인간의 본래 자유롭고 완전무결한 신적인 존재인데 인간으로부터 구속받고 살고 있다. '옛 추억으로'는 향수 젖은 풍습이 되어가고 시적 표현들이 '논픽션'으로 시적 감성을 정확히 제시 해줌으로써 필자의 예민한 관찰과 경험에 의한 정의적 언술로써 이해할 수 있는 통로를 만들어 상상력을 더욱 짜임새 있게 도와 시적 감흥을 돋보이게 해주며 '내 마음의 고향' 역할을 해나가는데 완성된 감성의 세계를 보았으며 좀 더 풍부한 역량을 더 조명해 보자.

### 4. 중년의 나이가 되어 보니

다시 이향숙시인의 중년의 인생관을 보기로 하자.

긴 여름 더위가 끝나가나
지리한 마음과 의식들에서
벗어나고픈 나만의 생각일까

나 개인만 아는
후진의 마음들이
이 시대를 슬프게 한다

어서 빨리 선들한 가을 공기가
내 마음을 흔들었으면
향기로움으로 가득 찼으면 좋겠다 〈중략〉

〈가을향기와 함께〉 전문

   무더웠던 여름에서 벗어나려는 애틋함이 잠겨있다. 어쩌면 가을은 삶의 희망인지도 모르겠다. 지난 환기는 원숙한 내적인 감정을 장면이나 사물로 객관화하려 한다. 필자는 매우 '지적'이다, 지적의 특성을 갖는다 라고 말했을 때, 이 '지적'이라는 말은 오해의 소지가 없지 않다. 그것은 추상화하고 객관화하려면 지식 작용이 아니라 감정과 대치되는 이지적(지성적) 정신기능이다. 지성 시인은 감정에 흔들리지 않고 사물을 분석하고 판단하면서 동시에 부분과 전체의 관계, 역사적, 우주적 의미를 종합적으로 파악하는 힘이다. 길들여진 인간의 시어보다는 인간을 잘 이해해주는 시어가 더 진실성이 있다. 희망적 시를 꿈꾸는 마지막 심상을 더 살펴보자.

한 낮의 포근한 햇살
구름 동실 떠있는 마알간 하늘
우리집 베란다엔
봄빛 꽃들이 방실거린다

일상의 여유로움으로
겨울이 지나감을

작은 나만의 행복으로
봄이 오기를
기다리는 마음.
〈작은 행복〉 전문

나의 작은 가슴속
파닥거리는 날갯짓
노랗게 사랑하는 마음

행복은 작은 것에서
아름답고
고운 마음이면
행복한 것을.
〈행복은〉 전문

행복 전문을 보면서 많은 생각을 시로 천명하고 있음을 주목해야 한다. 그래서 행복은 시 존재론으로 인생론이다. 라고 말할 수 있다. 작품 속에 몰입하는 자신만의 흡수력이 있다. 어느 대상과 일정한 사이를 두고 견지하려는 사색으로 감성을 깨우쳐 주고 있다. 특히 문학론의 중심에

관류하고 인터넷 문화에 저변 확대하는데 가능한 흐름의 사고에 현실적 모형으로 언어 발전에 치중하는 성찰을 보여준다. 자기 갈등적 요소들을 우월성으로 추구하고 정신적 험난한 길의 인내로 자신을 탐구하고 있는 시대적 배경에 도달해 있다. 필자의 탁월한 통찰력을 우리는 앞으로 더 기대해도 좋을 것이다. 벌써부터 두 번째 시집이 기다려진다. 시집 상재를 축하드립니다.

윤기영의 詩론집

# 시적 감성을 직시하는 연금술사

### 저 꽃잎_전문구 시집

## 1 시 영역을 탐구하는 연금술사

　시의 영역에서 자기주장을 명확하게 전달하기 위한 노력과 능력이 있어야 한다. 시는 현실을 재구성하는 자기의 성찰이라 말한다. 시인의 삶에서 오는 큰 울림과 작은 울림이 있는데 그 삶 속에는 현실을 직시하는 통찰력은 순간순간을 성찰하게 된다.

　두 번째 시집을 상재하는 전문구 시인의 시를 일별해보면 남다르다는 생각이 든다. 시와 소통하려는 집념이 보인다. 시의 흐름 속에는 시가 시를 기다리기 때문에 시를 쓰는 것이 아니라 시는 바람에 흔들이는 문밖의 소리와 같은 것이라 생각에 따라 마음이 동요되는 본능적으로 시의 근본을 찾아 성찰하며 여행하고 있는지도 모른다.

　우린 시의 간접적 체험을 통해 우리 눈에 보이지는 않지만 그 실체가 느껴지기 때문에 순간순간 성찰을 내면에서 꺼내어 따뜻한 문장의 언어를 옮기는 일을 하는 것이 연금술사이다.

　요즘 시의 모티프는 오프라인을 통해 많은 작품들이 저변확대 되면서 문학의 주류도 다양한 지금, 우린 어떤 관념에 대한 견해가 필요한지 고민해야할 시기이기도 하다. 시 쓰는 일은 감성만으로도 안되고 시의 깊이를 번뜩이는 지성인이어도 안되는 것이 다. 시의 한계에 도달하기까지는 천성과 감성 사상과 언어가 총체적으로 융합되고 통일되었을 때 한 시인의 시로 주목받게 된다.

 전문구 시인의 『봄이 무서운 건』중 봄이 무서운 건//차가운 얼음 속/잉태하는 봄은/시기 바람에 녹아든다/벌어진 문틈으로/검은 눈동자 초록 물감 들고//기지개 켜는 땅/틈 사이로 돌 문을 여는 아가 손/안아주는 대지의 가슴/새벽마다 젖이 흐르고/햇볕 해바라기에 빈 젖을 물고/하늘을 향해 걷는다//봄이 무서워하는 건/무표정 얼굴에/주름 새긴 호미든 얼굴//그래도 봄은 미소를 달고/밭둑 사이로 대기한다『봄이 무서운 건』은 시인이 바라보고 느끼는 성찰이 남다르다. 시가 바람에 녹듯 무겁고 칙칙한 일상들이 봄기운에 싱그러움을 불어 넣어주고 있다. 봄의 목마름은 영롱한 이슬방울처럼 소리 없이 찾아오고 있음을 시에서 말하고 있다. 시의 절제된 언어의 감각은 시인의 숨결에서 고스란히 보여주고 있다.

 시인의 표현 기교에 몰두한 사색을 감상해 보자 삶의 감성을 여과시켜 정제된 서정의 시 세계가 기다려진다.


외로움보다 쓸쓸함
가슴골 보인 기억
사라지는 안개 앙금


윤기영의 詩론집

눈물 뚝뚝 흘리며 바람 탓하고
흘린 자국 마음 담아
텅 빈 머릿속 채우는 외톨이

생각나는 친구가 있고
아련한 추억장 넘길 때
아쉬운 가슴 멍이 든다
돌아갈 수 없는 마음만 청춘
외로움과 정을 나눈다

생각이란 길 하나 삶이
웃음 자아내고 우울하기도
스치는 마음 후회
가슴 시린 따뜻함도
기억으로 새겨질 뿐
다가갈 수 없는 무지개

보이지 않는 담쌓고 살아도
피할 수 없으면 고행이요
즐길 수 있으면 아름다운 추억

북적대던 마음 삭아 낙엽 되고
아리게 그립던 사람 추억되어
현실로 안주한다
흔들흔들 사는 것이 갈대 인생
홀로 일 때 그대 연서(戀書) 숨기리

(「홀로라는」 전문)

전문구 시인의 '홀로라는' 시는 지난 시간을 견인하고 있다. 시의 목소리는 그리움 되어 삶의 일부로 자리 잡고 있음을 보여주고 지난 시간을 이미지로 형상화되어 '무지개' 빛으로 시적 지향점을 나름대로 인식하고 있다.

『봄이 무서운 건』『홀로라는』시는 투명하고 순화된 인간 정신의 미적 표상이다. 시인은 삶의 체득에서 빚어진 현실의 내면 풍경이 진솔하게 묘사와 삶 속에 그려지는 시적 호흡을 통해 언어 감각과 순발력이 뛰어난 상상력은 시를 쓰게 하는 원동력이다. 우린 시인의 특성을 발견할 수 있다. 한정된 공간에서 추구하는 시적 울림이나 사물적 시편에서 주는 의미는 무엇일까? 상상에 잠길 수 있지만, 그 해답은 자연의 이치라는 것에 해답이 있음을 발견하게 이른다. 시인이 바라보는 원초적 발견 그 감성을 수용하기까지는 많은 시간이 필요했을 거로 본다.

 다시『새벽 나무』새벽 공기 바람 빠진 공/새벽은 울고 있다/차디찬 허공 눈물 만나 안개를 이루고/새벽 가르며 주춤한다//눈물샘 마를 줄 모르고/내리는 공기 감싸 안아 늙지 않는 온도 감추니/추위보다 젊어 짐에 기쁨에 소리 스삭스삭/산 위에 망부석 서 있는 저 나무/추위에 쌓여 나이가 들지 않는다/변절하지 않음에 몇백 년 간직하고/귀양은 있어도 심지가 깊다//적색 신호 만물을 섭취하고/노랑 신호 잠자고/반짝이는 신호 호흡한다/하늘이 낮아질 때 마시고/소리 없이 오는 바람에 물 올려/하얀 눈 내려 올 때 백의 옷 갈아입고//마침표 찍으려던 시름에/알 품는 새들 오래된 마을 선물하고/지저귀는 새소리에 승무(僧舞)가 제격/새벽이 다가옴에 눈물 차오르고/한 방울의

윤기영의 詩론집

피안(彼岸)*을 떨어뜨린다 『새벽 나무』를 통해 시인은 서정의 상징성을 보고 있다. 깨달음 통해 얻어지는 것은 진리라는 것을 말하고 있으며 비옥한 땅에 씨앗이 내려 자연이 있듯 저 숲에서 자라고 있는 나무를 수용하는 자세는 인정과 사랑이 가득해 보이며 시인의 삶에는 희망의 메시지가 보인다.

 우리가 알고 있는 시에 있어 시의 순수함의 정서를 호흡하며 언어예술의 가치를 즐기고 함께 시의 연대성을 갖고 접근한다. 시와 삶의 접근성은 심상에서 오는 심리적 갈등의 구조이다. 생각에 따라 성격을 지니고 있는 정서적으로 미묘한 차이는 삶에서 오는 절실한 삶의 온도인지도 모른다.

 『봄이 무서운 건』『홀로라는』『새벽 나무』등에서 보여주는 독창적 언술 묘사는 자연미의 발견이며 풍류시를 이해하는 중요한 정보가 된다. 자연의 긴 통로를 통해 얻어지는 진리는 외롭지만 외롭지 않은 긍정적 마인드가 시를 쓰게 하는 연금술사로 자리 잡고 있음을 환기해 줌으로 시적 온도는 따뜻한 소통이 시작되고 있다.


## 2. 순환은 삶의 진리

 전문구 시인의 시는 인내와 참아내는 끈기와 긍정 인생의 희망적인 미덕으로 반전시키는 것은 가족과의 우애가 남다르게 보여진다. 시인의 시를 잠시 살펴보기로 하자, 정서적 표상들은 진정성의 묘한 향기가 순환의 시대는 기억을 더듬고 삶에서 오는 둔탁한 소리가 새로운 시적 시대의 살아있는 발견이다.

『세월은』 "엄마표 고무 로봇 꿈꾸는 세상에/제작연도 확실한 피카소 그림 달고나와/천재 소리 들어간 울퉁불퉁 신작로길//참외인지 호박인지 구분 없는 인생살이/석기시대 가고 싶은 희망 사항/변한 세상 피하려 담배 먹던 기억으로/가득 고인 눈물 넘치기 기다려도/장작불 말라버려 흔적 없는 마을//시 공간 초월하여 말썽쟁이 자식이 아닐거나/정리된 인간상 박제된 틀 안에서 서서히 굳어간다/이 옷 저 옷 바꿔 입어 변화를 갈구 하나 속옷은 그대로/박제된 가슴앓이 시작될 때 심지에 불붙이고/타들어 간 심지는 피할 수 없는 세월//터질듯한 심장에 부푼 가슴 봉긋이 솟아올라/속옷 바꿔입고 구름 타고 지난 세월 흘러내고/지나 보니 불효자식 독수공방 신세일세 후회하고 땅 꺼진 후 머리 드니 노을이네//앵무새 말하는 것 웃음으로/돌려세운 돌머리 후회되고/앞서 갔던 미라들이 하고 싶은 말/땅속 한이 되어 승천하지 못함은/한 페이지 두 페이지 책 속에 남아있네//흔적 지우려 돌아보니 오간 데 없는 그믐달/초승달이 담아두니 보름달이 뱉어버려/토끼 간 도굴하여 토성 안에 가둬둔다/그래도 세월은 간다"

『별, 아직 끝나지 않은 기쁨』마종기 "사랑하는 이여/세상의 모든 모순 위에서 당신을 부른다/괴로워하지도 슬퍼하지도 말아라/순간적이 아닌 인생이 어디에 있겠는가/내게도 지난 몇 해는 어렵게 왔다/그 어려움과 지친 몸에 의지하여 당신을 보느니/별이여, 아직 끝나지 않은 애통한 미련이여/도달하기 어려운 곳에 사는 기쁨을 만나라/당신의 반응은 하느님의 선물이다/문을 닫고 불을 끄고/나도 당신의 별을 만진다."-중략- 별빛은 본래 과거의 빛이라 말하기도 한다. 믿는 사람들의 어떤 기대감에 의지하는 꿈꾸는 자유의 세계이듯 소멸은 진리이다.

 전문구 시인의 '세월은'과 마종기 시인의 '별, 아직 끝나지 않은 기쁨'시 내용은 다르지만 별에 대한 성찰에서 공통점을 발견하게 된다. 전문구 시인은 지난 시간에 잠시 멈추어 후회스러운 자화상은 아직은 경이롭다고 말하고 싶어 한다.

 시인은 다시 『편지』구김 없는 편지 한 장/우표 없이 손으로 전해진 편지/그대의 가슴을 녹였습니다//감성에 젖어 흘린 눈물 구름 되어/흠뻑 내리고 내린 비에/머리를 적시고 살갗으로 스며 혈관을 확장/투과한 편지 넓은 동맥을 관통하고/심장에 스며든 비 온몸을 감싼 고백 편지//인생이 편지 속으로 들어가/흔든 편지 반세기를 떠돌다 움츠리고/편지 주인공 허공에 떠돌다 물기를 머금어/비구름 되어 그대 발과 옷깃을 적시고 있다//끌림에 흘러드는 힘은 가냘픈 실오라기/한 겹 두 겹 감기는 몸에 두른 명주/띠앗 머리 나눈 정도 아닌 잊지 못하는 편지/외로움에 불쑥 찾아오는 아린 풋풋함//옛 생각 그리워 정거장 찾는다/마주친 눈빛이 그리워 찾은 정거장/깜빡이는 불빛에 심장이 외출한다/꺼낸 심장 화살로 만들어/환생하면 쫄깃한 심장으로 날아갈 텐데//잊어버린 편지 되새김하여/익어가는 과일에 향기를 품고/그대 나무 접(椄)하여 같은 향기로 섞어/아름답게 피려 또 떨어지고 있다 『편지』속에 간결하게 들려주는 행이었다. '잊어버린 편지 되새김하여. 익어

가는 과일에 향기를 품고'서로 다른 몸에서 만나 피어나고 있음을 말하고 있는 편지의 시는 모두 살아있는 체험들이다. 체험이 절실하고 각별하기 때문에 더 치열한 긴장의 과속을 실감하게 하는 시어 들이다. 구겨지지 않는 '편지'는 세월이 지나도 그대로 있음을 말하고 있어 그 추억의 기억 들이 얼마나 순수하고 아름다운지 그대로 보여주고 있다.

 시의 호소력과 시의 깊이를 확보하고 있어 (독자)의 마음을 움직이고 있다. 우린 다음 시에서 또 다른 감성을 만나보자.


피다 만 꽃은 없습니다
아름답게 피려 참고 있을 뿐
숨어 피는 꽃도 없습니다
그대의 꽃이 되려 숨어있을 뿐
흘러가는 꽃은 없습니다
구름이 흘러갈 뿐
그대 눈에 비친 꽃은
그대 마음에 비치는 거울입니다

-「꽃」 전문


목화 속에
싹틔운 여인

윤기영의 詩론집

두 볼 다듬는
저 꽃은

어디서
피려 하는 걸까

아이들
웃음소리에

뚝뚝 떨어지는
저 꽃잎
                    -「저 꽃잎」전문

화사함 뒤에 숨어
슬픔을 흘리는 기둥이여
꽃술 합한 주에
가늘게 떨리는 손

꽃이 자태를 뽐내며
날갯짓 생명을 부르고
팡팡 그림에 부릅뜬 눈도
어울려 있는 색을
탐하지 못하는구나

뜨거운 사랑 들어오면
아름다운 꽃도
쓰러져 울지만

기둥 속 숨었다
다시 태어나려는 잉태

황홀한 내일을 위해
꽃대는 숨어서 긴장한다

-「꽃대」 전문

 전문구 시인의 계절에 대한 윤회는 남다르게 보인다. 마음의 꽃과 아이들의 웃음소리 꽃대 속에 숨겨진 비밀들이 감성으로 다가오고 있다. 어쩌면 시를 통해 여린 마음을 표현하고자 했는지도 모른다. 꽃은 봄의 상징이기도 하지만 희망이기도 하다. 그래서 시인의 마음에는 꽃처럼 여린 마음이 거울처럼 자리 잡고 있는지도 모른다.

『꽃』『저 꽃잎』『꽃대』통해 진리를 보고 있다.
『세월은』『편지』 이 두 편의 시는 시인과 밀접한 관계를 유지하고 있음을 다시 보여주고 있다. 나를 돌아보는 시간과 계절이 주는 의미 속에서 성숙하여가고 있음은 인생 갈무리로 적절하게 보여주고 있다. 시인과 사물 사이에 동일성으로 접근하고 공감을 이끌어 공존한다는 것을 다양하게 잘 나타내고 있다. 시인은 삶의 환기를 발견해 줌으로 어떻게 살아갈 것인지에 대한 성찰의 시간을 가져본다.

 1부.『봄이 무서운 건』『홀로라는』『새벽나무』는 깨달음의 이치에서 끊임없는 삶과 연민해야만 삶의 일부가 되어있음을 보여주고 있다. 2부.『세월은』『편지』『꽃』『저 꽃잎』

윤기영의 詩론집

『꽃대』을 통해 소통하고 지난 시간을 성찰하고 있음을 말해 줌으로 시인의 순수 자아 발견과 오감을 느끼며 시와 여행 중이라는 것을 보게 된다.

다시 시의 소통으로 들어가 시인의 투철한 시 세계를 엿보기를 하자.

### 3. 우린 달아나는 것을 보며 서 있어야 한다

시인은 자연의 이치를 다각도로 조명하고 있다.
삶의 치열한 현실인식은 적응하기 위한 독백 구조로 시와 타협하며 목마름을 젖어 나름대로 삶을 성찰하며 사는 것 같다. 가끔은 현실을 들여다보고 호소력 있는 언어 구사와 시의 개성을 살려 독창적으로 주입하고 있음을 보여주고 있다.

『가을은』가을 미녀 밀어내니/입술도 빨강이요/구름에 붙은 낙엽도 여행 중//고독해서 좋은 사람/실 꽤 엮어본들 양귀비 어림없고/폭삭 늙은 매 호박도 초경(初經)보다 미인이니/중구난방 살아볼까//연료 없는 흰 구름 추락 걱정 얼굴이 노래지고/걱정 많은 얼굴 희미하게 눌어간다/왕복 없는 인생에 작아짐은 소심함//자유는 늘리고 억압은 지우고/낙엽으로 시를 지어 벌거숭이 가려주고/벌거벗은 마음 가을바람 담아둔다//비실비실 볼때기 석양이 비춰주면/붉은 단풍 무지개색 변신한다//가을이 예뻐지는 날/구겨진 마음 활짝 펴고/빨간 알코올 마시고 홍단풍과 흔들흔들/어디든 떠나 보자/『가을은』 풍경화를 보는 듯 아름답기만 하다. 그 풍경은 소박하기도 하고 자유롭기도 하다. 가을 파란 하늘에 물들어가는 가을은 어디론가 떠나고 싶은 마음이 앞서고 있음을 예시하고 있다. 우린 자연의 이치를 바라보며 내가 늙어가는 지난 시간을 후회하곤 하는 게 인생의 참맛인지도 모른다. 시인이라 얼마나 다행이든가 상상의 나래를 펼치며 과거와 현실을 여행하며 살고 있으니 말이다.

다시 『정원수(庭園樹)』울퉁불퉁/색과 숫자 갈등하여 날려 버린 종이/기형 나무에 웅크린 눈/변하지 않는 마음 깊이/들판 자유롭게 피는 움직임에 홍역을 앓고/이사한 곳 그리워 몸이 떨고/물 한 모금에 보듬을 다한 것/미뤄지는 계절 혼란만 초래한다//뭉툭한 얼굴도 자연에 봉사하고/외로운 눈물 되돌려도 힘 떠난 나뭇가지/친구 옆자리 하나 보기 싫다 버림받네//뭉툭 뭉툭 돌 틈에 끼어버려/비켜주는 돌부리 기쁜 마음 감싸 안고/너 잡고 견디니 고마움 뿌리로 전해준다/머리카락 푸른색 염색하니 얼굴엔 함박웃음/모자란 놈 모임방//못난이 환영하고 잘난 놈은 비켜나고/우글쭈글 환영하니 동네 얼굴 동화되어/억지 부려 살아나도 변신이 고민되네/허리 늘려 고령 되어/존경은 고사하고 팔려 갈까 어지럽다/못생김에 감사함을/『정원수(庭園樹)』처럼 사람 손길이 필요한 나무들이 있다. 얼마나 사람 손이 중요한지 보여주고 있다. 사람도 미용실을 찾아 머리를 다듬고 보면 새로운 모습이 되듯 '정원수'도 주인의 손길에 따라 모양이 달라진다. 이렇듯 시인은 사물을 통해 오감을 느끼고 성찰하며 글로 표현하니 얼마나 좋은 직업인가 늘 가슴에 도사리고 있는 언어를 글로 풀어 놓을 수 있는 연금술사가 아니던가 사물을 바라보고 성찰하는 것은 시인의 발전이다.

『가을은』『정원수(庭園樹)』 통해시인이 말하고 싶어하는 시적 사색은 정확하게 드러나고 있다. 꽃이피고 지는 자연의 이치와 시인이 살아가는 감성의 소통은 현실에 부응하고 있음을 발견하게 이른다. 그 중심에는 시인이 하고자 하는 시의 영역에 공존하고 있음을 보여준다. 우린 시를 쓰기 위해 기다림 또한, 찬란한 인생은 아니지만 자유로운 서정의 꽃을 피워볼 일이 아니겠는가.

이처럼 시인의 마음에는 영원히 떠나지 않는 시적 감성을 통해 적나라하게 적시하고 있어 독자와 공감하는 영역을 확보해 줌으로 소통하게 이른다.


더하기와 빼기
아군과 적군
하얀 고무신 검정 고무신
극과 극이 만난 것 같다

하지만 흑과 백은 가장 친한 친구
하얀 종이에 검은 잉크가 어울리고
흰 구름 아래 먹장구름이 틈을 비비고
하얀 갈매기는 육지를 그리고
검은 까마귀는 바다를 그리며 산다

검은 마음을 가진 종족은 시비를 걸고
하얀 마음을 가진 천사가 베풀어

물들지 않는 것이 진실

흑백 논리는 가능해도
섞일 수 없는 운명
양보에 따라 색이 변한다
봄과 가을
여름 겨울

-「흑과 백」전문

 전문구 시인의 인생길은 굽이굽이 흑과 백이 뚜렷하게 보인다. 계절을 통해 흑과 백의 논리가 갈라진다는 것이다. 봄이면 꽃이 피고 가을이면 물들고 겨울이면 눈이 오는 사계절 속에 그려지는 서정의 나래를 펼치고 있음을 보여준다. 인생은 순환하듯 계절도 순환하는 환경에서 함께 공존하며 살아가고 있음을 제시해줌으로 시간적 흐름은 전형적인 오감과 교차하고 있다. 자연의 이치와 삶이 공존에는 모든 만물이 함께 소통하며 살아가고 있음에 환기하는 모티브가 이 시인의 마음에 자리 잡고 있다.

『은비령』마음에 심심산골이 살고/깊은 산골은 닮은 꼴//산골을 닮은 신선이 있다/보이지 않는 골짜기 숨겨두고/펼쳐진 마음속 아름답게 드러난/보이지 않아도 알 수 있는/아기새 둥지 같은 포근한 여유//투박한 바위도 사뿐한 길/굴곡의 의미를 따라/속세를 걸어가는 선한령/소풍 마을 달고 사는 생은/넘는 고개 해마다 새롭고/포근함 더하는 연인 같은 마음//새로운 은비령이/마음을 새겨 온다/깊은 산이 품은 향기 전해주려/『은비령』을 통해 시간적 흐름을 관조하는 시인이다. 삶이 주는 은비령으로 그려지는 시인의 마음이 심란한 모양이다. 세상을 바라보는 이치가 은비령만큼이나 악순환하는 심정을 반영한 것이다. 때론 평탄한 길도 있고 구부러진 길이 있듯 인생도 살다 보면 고단한 시기가 있다. 너와 나의 단절 속에는 높은 산만 보이듯 풍요로운 마음의 자세가 필요한 시기이다.

『흑과 백』『은비령』은 시인의 철학이다. 자연의 이치를 돌아보며 답답함을 호소하고 있듯 시 정신이 무엇인지 터득하고 부딪치며 습작하고 있음을 보여주고 있다. 서정시의 정형적으로 시어 선택과 기교가 기성작가 능가하게 높은 수준의 언어 선택에 직관하고 있음을 보여주고 있다.

 전문구 시인의 시 정신에 순수하게 정제된 언어와 질감이 기다려진다. 투명하고 절제된 언어 탐구에 좀 더 서정의 백미를 그려내는 진행형을 다시 보자.


하얀 날씨 탓
눈 내리는 날 두근두근 쌓여
흔적 지우려 발자국 덮는다
새긴 흔적은 지워지고
하얀 눈 위의 여백이 그립기 때문

지워짐에 눈을 좋아하고
아픔에 흔적 지워지기 바라는
아쉬움보다 흔적 치유기

흩날리는 추억에 꼬리를 잡고
내려앉은 발자국에 숨어
응집된 눈 기다려 본다
떠나버린 추억은 흔적이 있고
달리기하며 내린 눈
추억 위에 앉으려 한다
기대 보는 상처 그대에 허락한다
치밀한 허락은 냉정함에 돌아서
가슴에 뽀드득 남겨두리

−「흔적」 전문

나무는
다리가 없어도
눈이 없어도
걷는 데 걸림돌이 없다

사람은 걷지 못한다
다리가 있어도
눈이 있어도 걷지 못한다

나무는 조금씩 조금씩
하늘을 걸어 올라가고 있다
하늘을 산책하고 손을 흔들며
책갈피 전해 준다

하늘을 걷다 힘들면
$CO_2$ * 마시고 피톤치드 선물

윤기영의 詩론집

따라갈 수 없는 베푸는 마음
그대를 우러러볼 수밖에

*이산화 탄소

–「하늘을 걷는다」 전문

  시인의 사색에서 진한 감동이 밀려온다.
『흔적』『하늘을 걷는다』 등에서 풍유법이나 활유법으로 영감을 얻어 묘사하고 있음을 보여주고 있다. 시인의 성찰은 어디에서 멈출까 질문은 그 열정에 있다고 봐야 한다. 지금 시인이 추구하고 지향하는 시 방향을 다시 진지하게 논의할 시간이다.

『느낌 대로 보자』"남아 있는 생각 버리자/채우고 남는 공간은 남겨두고/욕심 없이 바라보고 생각 의미 덜고/화자 마음 읽고 뒤란으로 숨은 그림자/울퉁불퉁 그림자 읽지 말자/욕심 그림자 성형되어 예쁜 아내로 변신한다" 1단락에서는 마음을 비우고 아내의 역할을 충실히 하고 있음을 타협하고 있다. 어쩌면 마음 비우기까지는 많은 시간이 필요했는지도 모른다. 내 한몫을 부담 없이 감당하고 있다는 것을 예시하고 있다.

"딱정벌레 냄새 보지 말고/위대한 등껍질 숨겨진 날개 보자/화려함에 숨어든 검은 채색 명화를 초월한 붓칠/남북으로 갈라진 반쪽 지구 본" 2단락에서도 내 마음을 스스로 통제하고 있음을 예시하고 있다. 화려한 색채 속에 그려진 세월의 흔적과 화해하고 있는지도 모른다.

"입맛에 환호 말고/널브러진 재료 마약 없는 바닥으로 음미하자/벌레와 나눈 열매 반쪽 재료 모자라도/정성 담은 화자 맛 끈기를 더해준다" 3단락에서 화려한 양념은 아니지만, 마음으로 느끼며 음미하자는 시인의 마음이 양식이 되어가고 있다.

"작은 눈으로 보고 크게 생각하는 이성을 찾자/명성에 따라 넘기는 기(氣)는 혼돈만 가져올 뿐/초롱 눈 이순(耳順)의 느낌으로 희석하자/자연에 감동하는 입으로 확인하고/화자 없는 글 지식창고 채워 넣자" 4단락에서도 삶을 통해 얻어지는 지식의 중요함을 말하고 있다. 인생은 어쩌면 지식창고를 통해 삶의 질이 높아지고 내 마음을 독자와 소통해 줌으로 새로운 발전이라 생각한다.

"글 내용 읽어가면 화자는 생성되고/글맛에 중독되면 단골손님 찾아든다/글 쓰는 요리사 눈 감아도 맛을 낸다" 5단락에서도 내 삶에 충실하고 있음을 말해 줌으로 시인이 가지고 있는 성품이 그대로 드러나 있다.

 시인의 감성은 여러 경로를 통해 얻어지는 성찰이다. 계절을 되묻는 자연의 이치에는 시인의 애잔한 향수의 삶에서 끌어낸 오감이다.

『가을은』『정원수(庭園樹)』『흑과 백』『은비령』『흔적』『하늘을 걷는다』『느낌 대로 보자』등에서 시인의 투철한 시정신세계다. 시인은 시를 통해 보상받고 있는지도 모른다. 말하자면 시를 통해 섭리에 순응하는 자세로 이미지를 표상하여 목소리를 높이는 일에 적극적으로 보여주고 있다.

윤기영의 詩론집

시에서 보여주는 시상은 자기중심의 존재론에 천명하고 있음을 일괄하고 있다. 시에서 끊임없이 대두되고 있는 인간 존재에 대한 질문들이다.

## 4. 자아 인식의 표상

시의 대상과 인식에서 이미지의 형상화에 집중하고 있음을 엿볼 수 있다. 시인이 선택한 소재들은 충실한 감성과 순수한 감각에 의해 대상의 지배적 파악하고 표상하려는 작업이 진행되고 있음을 시에서 보여주고 있다.

우리는 여기서 시인의 심장에 멈추어 보기로 한다 '김용택' 시인의 시에는 시골 풍경과 가족 그리고 아이들이 등장한다. 그 이유는 풍요로운 삶의 이치를 말하고 있는지도 모른다. 또한 '정호승' 시인의 수선화처럼 국민으로 사랑받는 시들의 주류는 사랑하는 사람을 비유로 등장하게 하는 시들이 많은 사랑을 받았다. 그렇듯 전문구 시인의 시도 독자로부터 사랑받는 시인이 되어주길 바란다.

전문구 시인의 『저 꽃잎』은 독자와 소통하는 시집이 되었으면 한다. 잠시 기다려지는 시의 전개를 만나 보자.

입맛 없다 건너뛴 쌀
아침상에 봉긋한 주발
수저가 바쁘게 왕래한다

손도 스치지 않던 남의 살
잔디와 함께 걷고 있다

엄마 보러 가는 날
흥분한 황소 여물에 콧소리
몸 흔들림 곡선이 마음을 솎아낸다

눈감고도 알 수 있는 감
까치밥이 외로워 보이는 건
늦가을 문주방* 넘기 서러움

엄마의 외로움
문주방 넘기 전 달래보려
춤추는 낙엽 속 끼어든다
꼭 잡고 놓지 않으려는
아내의 잠긴 손

*문지방의 사투리(강원, 경남)

—「아내의 엄마 사랑」 전문)

무신론자
내가 믿는 건 아버지
삶을 알고
사랑을 가르쳐준 아버지
배움이 짧아
몸으로 실천한 아버지
대화에 끝도 시작도 없지만

윤기영의 詩론집

알 수 있는 대화
아버지의 마음속 기도가
고스란히 전해오는 울림이 있다

허리가 굽어진 이유도
기억이 사라지는 이유도
노파심이 많아진 이유도
가쁜 숨에 가다 쉬는 이유도
모두 자식에게 넘겨준 이유
난
아버지의 기도만 알아듣는다
아버지의 기도는 몸으로 하기 때문

「아버지의 기도」 전문)

 전문구 시인은 시를 통해 가족에 대한 성찰이 돋보이고 있다. 자신의 의무와 책임감이 시에서 긴 침묵을 깨고 다양한 감성으로 보여주고 있다.

 『아내의 엄마 사랑』에서 보여주듯이 눈감아도 알 수 있다와 '늦가을 문주방 넘기 서러움'에 그려지는 시는 아린 부문이 있다. 애써 말하고 싶지만 비유해서 하고 싶은 말을 함축해 더욱 애절하게 한다. '아내의 잠긴 손'은 아마도 눈물이었을 것 같다. 그렇듯 시에서 보여주는 삶의 언저리에는 숨을 몰아쉬는 마디의 소리가 함께하고 있음을 보여준다.

『아버지의 기도』에는 많은 가르침이 그대로 들어나 있다. 인연의 굴레에는 그 무언의 세계가 있듯 보이지는 않지만 텔레파시처럼 마음에서 오는 언어 등이 있다. 시인은 아버지로부터 서로 교감을 나누며 그 이유를 묻지도 않는다 그런 과정이 익숙해져 있기 때문이다.

『아내의 엄마 사랑』『아버지의 기도』를 통해 승화되어 가는 과정을 지켜보고 있다. 전문구 시인의 시는 계절의 이치에서 오는 오감과 가정의 사랑이 그대로 보여주는 순수한 서정시이다. 시인의 진솔한 마음을 형상화하고 있음을 말하고 있다. 그래서 인간미가 시에서 나타나 있으며 순환의 시간성이 주목을 흡인하고 있다.

이제 전문구 시인의 시집 읽기를 마무리할 때가 된 것 같다. 시인의 시는 직관적 눈으로 사물을 투시하고 시의 인식을 공식화하고 있다. 시인은 감성에서 주는 심미안 안에 펼쳐지는 오감은 순수함에서 주는 진리와 결실을 맺으려 하는 메시지가 승화되어 가는 과정에 인간사의 변주곡이 되어 간다. 시인은 이러한 과정을 통해 발전하는 언어에 대한 성찰로 새로운 관점에서 창조하는 시법을 인식하게 된다.

전문구 시인의 시는 심리적 거리에서 사물의 대상과 일치된 모습을 엿보게 한다. 시의 이미지 발견은 지성과 감각이 항상 동행한다는 뜻이기도 하다. 시인의 통찰력을 기대해도 될 것 같다. 시상 속에 그려내는 언어는 남다른 통찰력이 돋보인다. 자연을 사랑하는 순례자로 발돋움하는 시인이다. 시의 감성 속의 풍자는 내면에 잠재한 진실을 분사하는 서정적 시 정신을 발양하고 있는 시인의 정신을 높이 평가한다. 최선을 다하는 시인이 되길 바란다. 시집 출간을 축하한다.

# 혜안으로 그려내는 성찰
### (금빈 정경혜 시집)


## 1 혜안으로 노래하는 전례자

시 창작은 마음에서 오는 심미안의 창조이며 그 창조는 성찰을 통해 상호 융합함으로써 한편의 소재가 되고 주제가 되어 세상 밖으로 나온다. 우린 그런 과정을 통해 감동하고 그 감동 속에서 투명하고 진솔한 주제로 내면의 세계를 성찰하게 된다.

여기 정경혜 시인의 상재되는 작품을 일별해보면 시적 감흥이 남다르고 시인의 성지를 보는 듯하다. 그만큼 시에 대한 열정이 고스란히 마음으로 심미안을 그리고 있으며 그 심미안은 오감으로 전해오고 있다. 창작에 대한 집념은 삶에서 직접 오는 갈등의 전환이라고 봐야 한다. 창작에는 삶으로 이어지는 연결고리와 같으며 자신의 정서 또는 사유에서 현실을 직시하며 다양한 변화를 감수하면서 심리적 전환을 이해하게 된다.

요즘 인터넷에서 주류를 잇는 많은 시 작품들이 쏟아지면서 좋은 시란 정말 무엇일까? 라는 질문들이 쇄도하고 있다. 유명한 시라고 해서 다 좋은 것은 아니다. 독자에게 울림을 줄 수 있는 시가 정말 좋은 시라고 생각한다. 시는 작가의 마음이며 성찰이다. 갓 구워낸 빵처럼 향기가 나는 참모습을 보여주지 말고 긴 습작을 통해 얻어지는 숙련으로 가공된 작품을 보여주는 것은 오랜 시간에서 얻어지는 씨앗의 열매라고 생각하고 거듭 퇴고로 새롭게 태어나야 한다.

 그는 '화려한 외출 뒤 / 분홍빛 손을 흔들며 / 찬란히 길을 떠나네 // 우리의 꿈도 그러하리 / 그리고 추억하겠지 // 내 눈엔 그대만 보였다고 / 지금도 눈이 부시면 / 비워버리기가 아파 / 그냥 눈을 감아버리지 // 가슴 깊은 곳 어디선가 / 저려오는 이 떨림은 / 날갯짓을 하나 추락하는 / 꽃잎이어라 // 붙잡을 수도 / 다시 돌아갈 수도 없는 / 시간의 흔적에 분홍빛 입맞춤은 / 애써 초연하나 / 꽃비 되어 눈물을 삼키는구나.'(「청춘」 전문)이라는 이치에 도달해 있는 혜안에는 계절을 통해 얻어지는 오감이다. 꽃이 피고 지는 계절임에도 동행하지 못하는 아쉬움에 오감으로 동행하는 적절한 시어가 배치되어 있다. 평범하고 일상적인 시어들이지만 꽃과 청춘은 '저려오는 이 떨림은/날갯짓을 하나 추락하는/꽃잎이어라'는 상승 고조되어 곡선을 그리는 낙화 소리를 듣는 듯하다.

 또 하나의 순환되어가는 계절에 도달해 있음을 말하는 시인의 전개를 살펴보기로 하자.

이제야 오려고
얼마나 기다렸던가

견디며 지내온 날들이

봄햇살 되어
내 어깨 위로 내려지는
따사로운 손길이어라

이제야 오려고
얼마나 애태웠던가

기다림이 노을 되어
그리움으로 여울질 때
순수한 소녀의 치맛자락처럼
내 얼굴 감싸주어라

이제야 비로소
촉촉한 입김은 생명의 미소되어
대지를 가슴 뛰게 하노라.

「봄비」 전문)

  시인의 판화로 이미지된 형상화들이 잘 나타나 있다. 긴 겨울잠에서 깨어나는 봄의 태동은 신비함 그 자체라고 말하고 싶다. 이 시는 감성을 자극하는 영상미가 돋보이는 시이다. 연마다 파노라마처럼 영상을 그리고 있다. 겨울에서 봄으로 이동하는 계절은 삶의 생명수처럼 희망을 순환하고 있어 봄비는 지속으로 많은 이들의 노래를 들어 줄 것이다.

  시인은 청춘과 봄비는 계절과 오묘하게 내통하며 지난 시간의 연결고리로 조화를 이루고 있다. 그 조화 속에는 인생이 녹아드는 계절이 있다는 것을 명확하게 말하는 힘이 있다. 청춘과 봄비는 과거와 현재를 오고 가며 꿈과 희망을 준다. 그렇듯 시는 남들과 소통하며 감동을 주기에 미묘한 빛깔을 드러내는 것이다.

 다시 그는 '밤이 슬퍼지면 / 달빛은 깊어지고 / 사랑이 바래지면 / 추억만이 자욱합니다 // 고즈넉한 한 여름밤 / 덩그러니 음악 소리만 / 온 밤을 젖힙니다 // 밤이 고요하면 / 별빛은 외로워지고 // 사람은 떠나지만 / 사랑은 남아 // 바람 한 점 없는 한 여름밤 / 솜털 같은 숨결로 / 나직이 추억으로 스며듭니다.'(「사랑의 그림자는 추억을 남기고」 전문) 달 속에 갈구하는 시어들은 절실한 사유를 전달하고자 밀접한 연대성을 갖고 접근하고 있다. 시와 삶의 접근성은 눈에 닿는 심상의 만남이다. 심상은 달과 별이 생각에 따라 감각적인 성격을 지니고 있어 시간을 상기하며 슬프게도 하고 기쁘게도 하는 것이다.


## 2 자연의 이치와 공존

 정경혜 시인은 시뿐만 아니라 인생의 변환점을 잘 보여주고 있다. 시의 간결한 목소리는 시로 가을 단풍처럼 물들어가고 있음을 암유하고 있으며 참신한 시어 속에는 생동감을 불어넣고 언어생활을 내면화하여 풍요로운 삶을 그리고 있다.

 시인의 외로운 기도는 작품을 완성하고 있는데 일상적인 경험과 체험에서 얻어지는 자아 발견의 시적 울림은 정신 집중으로 이루어졌다고 봐야 한다. 언어와 이미지의 융합으로 참신하게 표현하며 시적 사유에서 회유하는 긴 호흡을 이해하게 된다. 류시화 시인 '물처럼 하늘처럼 내 깊은 곳 흘러서 은밀한 내 꿈과 만나는 이여' 주제와 윤동주 시인 '바람이 불어'는 '영혼의 창' 시대적 배경으로 함께 소통하고 있는 듯하다.

 다시 그는 '외로움이 그대를 힘들게 하여도 / 거짓된 마음으로 / 진실을 무겁지 않게 해 주소서 // 슬픔이 그대를 아프게 하여도 / 미련을 가슴에 담아 / 사랑이라 여기지 않게 해 주소서 // 외롭다는 건 괜시리 말이 많은 것 / 슬프다는 건 괜시리 눈물 나는 것 / 아프다는 건 괜시리 아닌척 하는 것 // 두려움의 소용돌이 벗이 되어 / 고독을 삼키며 / 노오란 민들레 봄으로 / 태어나게 하소서 // 외롭다는 건 왠지 따뜻한 것 / 슬프다는 건 왠지 인간적인 것 / 아프다는 건 살아있다는 것.'(「외로움의 기도」 전문) 시어는 여운을 진솔하게 담아내며  시의 맛을 효과적으로 드러내고 있어 울림을 주고 있다. 시인은 '노오란 민들레 봄으로 태어나게 하소서'라는 호소력 있는 목소리로 관조의 깊이를 확보하고 있어 (독자)의 마음이 소통하고자 움직이고 있다.


시나브로 햇살
무르익어가는 가을 향기 담고
빛바랜 시간 위로
시월이 머문다
바람소리, 물소리, 새소리
하모니 되어

윤기영의 詩론집

묵묵히 서 있는
그대의 투박한 허리 감싸 안으리

차가운 어둠, 내리치는 폭풍우들은
매서운 눈보라에 꺾인 듯 이겨낸 가지들은
사슴의 뿔처럼 위상한다
단단한 듯 유연하며
근엄한 듯 다정하여
잎새마다 가지마다
영혼이며 기쁨이며 뿌리마다
추억이니라

그대의 말 없는 어깨에 기대어
둥글게 둥글게 살아온
삶의 나이테에 귀를 기울이면 바람 되어
스치는 것은 스치는 대로 물 되어
흘러가는 것은 흘러가는 대로 새되어
머물다 날아가고 또다시 돌아온다

마음은 언제나 청춘이나
저 햇살처럼 잡을 수 없고
저 시간처럼 막을 수 없으리
포구나무 가지 위로 뻗은 잎새
그대와 함께하는 산책길
잎새 떨어질세라
살포시 그대 입술 입맞춤으로
가을은 심장이 불타올라라.

(「포구나무 그대」 전문)

정경혜 시인은 시와 삶과 밀접한 관계를 유지하고 있음을 내면으로부터 다시 보여주고 있다. '빛바랜 시간 위로' 그려지는 포구나무 '저 햇살처럼 잡을 수 없고' 따뜻한 성찰을 말하고 있다. 시인은 언어의 매재로 감성을 쓰지만, 화가는 선과 색채의 매재로 작품을 만든다. 따라서 시를 쓰는 데에 있어서 무엇보다 중요한 것은 언어에 대한 인식이므로 다양하게 보여주고 있다.

그가 부르는 '포구나무 그대' 바람과 햇빛으로 함께 인생 여정을 갈무리하고 있음을 적절하게 보여주고 있다. 시인과 사물 사이에 동일성으로 접근하고 있어 공감을 이끌어내는데 가까운 공간에서 자연의 이치를 이해하고 공존한다는 것을 잘 보여주고 있다.

정경혜 시인은 '밤이 와도 / 아침이 온다는 것을 알기에 / 바람이 불어도 // 태양이 있다는 것을 알기에 // 외롭지 않아요 / 추위도 참을 수 있지요 // 숨결이 향기가 되고 / 손길이 꽃잎이 된다는 것 // 당신의 품속은 / 그 어느 날 / 엄마의 자궁안처럼 / 포근한 우주 // 천둥, 번개가 쳐도 / 폭풍우가 휘몰아쳐도 // 두렵지 않아요 / 힘들어도 꿈을 꾸지요 // 진심이 꽃술로 열리고 / 추억이 뿌리로 되어가는 // 가슴가득 / 당신의 햇살을 품으며 // 지구별 사랑꽃으로 / 아침을 피어봅니다.'(「나팔꽃」 전문) 시인이 말하는 나팔꽃에 집중해 본다. 아침에 피는 꽃의 안온함에 숨결을 느끼는 감수성, 시의 재조명은 친근한 이미지로 소통하고 있는 꽃 서정의 연결에 발현되고 있다.

윤기영의 詩론집

3 혜안으로 그려지는 사유

정경혜 시인의 그토록 감정을 토하는 염원은 기다림과 그리움이라는 심연에는 항상 혜안이 지배하고 있음을 말하고 있다. 그 심미안에는 꽃들이 삶을 환기해 줌으로 소통하고 함께 공존하며 창작하는데 의지가 된다.

그는 '볼 수도 만질 수도 없어요 / 쉽게 가질 수도 없어요 / 진실한 눈으로만 느낄 수 있어요 // 태양처럼 에너지 되며 / 달처럼 평안 주며 / 별처럼 빛이 되어주는 보배'(「마음」 중에서)라며 혜안을 예시해 줌으로 정경혜 시인의 글을 이해하는데 도움이 된다.

이처럼 시인의 마음에는 영원히 떠나지 않는 혜안의 사색이 적나라하게 적시하고 있어 독자와 공감하는 영역을 확보해 줌으로 소통하게 이른다.


볼 수도 만질 수도 없어요
쉽게 가질 수도 없어요
진실한 눈으로만 느낄 수 있어요

태양처럼 에너지 되며
달처럼 평안 주며
별처럼 빛이 되어주는 보배

뜨겁게 사랑하고
행복 빌어주며

두 손 꼬옥 잡고
어우러지는 숲길
걸어보아요

어디선가 들려오는 향기
한결같은 당신의 미소는
네 잎 클로버.

                                            (「마음」 전문)

 정경혜 시인의 시적 사색이나 오감은 혜안으로 오는 창출의 시집 흐름은 전형적으로 잊혀져가는 오감과 교차하고 있다. 자연의 이치와 삶은 공존하고 시간을 환기하는 모티브가 혜안이다. '별처럼 빛이 되어주는 보배'처럼 우주의 이치를 성찰하고 관조하는 흐름으로 전개되고 '어디선가 들려오는 향기/한결같은 당신의 미소는/네 잎 클로버.'처럼 삶은 자연과 공존하며 그 이치에 따라 꿈이 있고 희망이 있다는 것을 보여주고 있다.

 또 그렇게 '그 어디쯤 비가 내리면' 시적 감흥의 마음에는 슬픔이 거울에 비치고 있음은 '나의 걸음이 멈추는 / 그 어디쯤 / 비가 내리면'(「그 어디쯤 비가 내리면」) 중 멈추는 그 어디쯤 아련함은 아직도 멈추지 않는 진행형으로 혜안을 그리고 있다.

그대 텅 빈 시간
나의 걸음이 멈추는
그 어디쯤

                                                           윤기영의 詩론집

비가 내리면

어제보다 더 그리워지는 오늘
추억이 머문 그 길 위로
빗소리 되어 노래합니다

그대 떠난 자리
당신 향한 그리움이 밝아오는
그 어디쯤
비가 내리면

흥얼거리듯 노래하는 빗줄기
숨결이 머문 가슴 되어
노래합니다

당신은 나의 사랑
나의 음악

미소로
함께하게 하고
그대를 사랑하게 합니다

그 어디쯤
비가 내리면

(「그 어디쯤 비가 내리면」 전문)

　정경혜 시인은 이제 당신의 향한 그리운 노래가 내 인생이라고 부르고 있다. 눈가를 촉촉하게 적시는 혜안은 '흥

얼거리듯 노래하는 빗줄기/숨결이 머문 가슴 되어/노래합니다'라는 물음으로 슬픔이 벅차오르는 순간이다.

「마음」「그 어디쯤 비가 내리면」은 혜안의 모티브로 '능소화' '바람부는/기억의 언저리//안으로 차오르는/이 아릿한 슬픔//삼키지 못하는/연주홍빛 손짓이어라//인생도 사랑도/꽃도 흔들리는 것이/물결치는 삶의 여정이던가//돌아보지 않으리/생각지도 않으리/굳게 굳게/거두면 거둘수록/저 너머로 기우는/석양빛 노을//불러도 불러도/땅거미 내려앉는/추억 그림자/석음에 바람스치면//행여 그대인가?/아련한 전율/안개처럼 피어오르는/그리움이어라.'(「능소화」중)꽃으로 승화되어 있음은 삶의 여정이 그러하듯 비바람에 흔들리지 않으려 다짐도 해보지만 버려지지 않는 삶을 이해하는데 시간이 필요해 보인다.

## 4 시간의 승화

눈꽃으로 가기까지는 참다운 인생이 있고 험난한 여정이 있다. 피고 지는 계절의 절기를 각양각색으로 바라보는 성찰은 시간으로 승화되어 시상이 공존하고 있음을 이해한다.

정경혜 시인은 마음에서 뜨거운 열기가 나는 듯하다. 그 열기는 시를 쓰는 원동력이 되어 파노라마 치는 영상을 보는 듯하다. 그 혜안에는 인간의 본질적 운명으로 살아갈 수밖에 없는 공감의 영역을 확대하고 있다. 그 '기다림이 향기가 되는 늦가을/그대의 그리움은/그녀의 집 언저리 가로등 아래로/별처럼 쏟아지는 안개꽃'하고 여운을 남기는 여백은 하얀 눈보라를 연상하게 한다. 어쩌면 시인은 눈꽃을 안개꽃이라 비유했는지도 모른다. 다시 '그대 볼에 내려앉는 달빛은/마음의 봄 아지랑이로/간질간질 수줍음으로 물드는 단풍잎'은 과거와 현재를 영상조립으로 계절의 흐름을 적시하고 있다. 다시 3연) 4연) '차가운 바람, 깊어가는 어둠/ 위로 떨어지는 낙엽들의 방황//무엇이 그대 사랑으로/움트게 하였나요' 자연의 이치를 인과사의 비유로 봄과 가을은 인연으로 출발하고 있음을 말한다. 다시 '보고픔이 기도가 되는 이른 새벽/그대의 눈빛은/그녀의 창가 아래로/수정처럼 내려앉는 안개꽃'은 밤새 눈꽃으로 아름다움을 환기하고 있다. 마지막 연에는 '그대 가슴에 내려앉는 별빛은/숨결 가득 하얗게 피어나는 세레나데/눈꽃 사이사이/달빛이 춤춘다.'(「눈꽃」전문) 시간은 밤새 승화되어 가는 하얀 서리꽃을 보는 듯 상기되어 있다. 시인의 시는 '문정희' 시인의 (성에꽃)을 바라보는 듯하다. 계절은 다르지만 밤새 영롱하게 맺힌 이슬방울의 '성에꽃' 아침이면 사라지는 자연의 이치를 발견하고 황홀한 희망. 장경혜 시인의 '눈꽃'은 창가에 밤새 내리는 것을 발견하고 슬픔과 고통으로 얼어지는 자연의 이치를 돈호법으로 순환되는 울림을 말하고 있다.


썩어가는 깊이에
인생이 진하게 다가오는 것은
가슴으로 파고드는 담배 연기

술잔 앞에 두고
방황의 흔들림

홍어를 삼키면
나도 나에게 켁켁한
부질없는 욕심을 들이켜본다

그래도 살아가는 인생
이래도 돌아가는 길목에
나는 나에게 외친다

하고 싶은 거 하며 살지어라

(「그것마저 찬란한」 전문)

정경혜 시인의 이 작품에서도 '그것마저 찬란한' 잘 보여주고 있다. 인간사의 혹독함을 극복해내기까지는 시련과 고통 그리고 긴 침묵이 기다리고 있다는 것이다. 다시 '날개 없는 새는/하늘을 날지 못한//존재만으로 나의 날개가/되어 준//바람 따라 가버린/흔적 없는 흔적에 서서//잠들지 못하는/바다를 보노라//파도는 출렁이는데/깊은 바다는 말이 없구나'(「침묵의 고독」) 시인의 진솔한 마음을 형상화하고 있음을 말하고 있다. 인간의 섭리 중에는 자연사가 있는데 인간과 계절의 시간성이 주목을 흡인하고 있다.

이제 정경혜 시인의 시집 읽기를 마무리할 때가 된 것 같다. 계절이 주는 혜안 안에 펼쳐지는 이야기들은 순수함에서 주는 진리와 결실을 맺으려 하는 희망의 메시지들이 승화되어 가는 것은 인간사의 변주곡이 되어 간다. 시인은 이러한 과정을 통해 발전하는 언어에 대한 성찰로 희로애락을 즐기며 새로운 관점에서 창조하는 시법을 인식하게 된다.

정경혜 시인은 진정한 서정시인이다. 시의 감성 속에는 노래하고자 하는 자연의 이치와 공감하고 내면에 잠재한 진실을 분사하는 서정적 시 정신을 발양하고 있는 시인의 인생 지표를 보는 듯하다. 시란 영원한 진리로 공존의 의미이다. 시집 출간을 축하한다.

# 별은 내 가슴에 그리움이 되어
### (별은 내 가슴에 조은주 시집)

## 1 그리움은 미학적 가치

　시 창작은 인간과 우주의 근원에 대한 질문을 하게 된다 언어의 뜻에는 기술이 필요하듯 인간과 자연의 이치는 삶의 밑그림이다. 자연과 인간의 공존은 미학적 장치로 바꾸어 줌으로써 독자와 소통의 장을 만들어 주는지도 모른다. 시인은 자연의 이치를 이해하고 관찰하며 시의 막중한 소명과 사물이라는 이름 아래 가치를 제 창출로 상호작용해 줌으로써 자인의 이치가 승화하고, 삶의 정체성과 추상의 모양이 주는 뜻과 향기가 바람의 소리를 내줌으로 인간은 그 소리로 창의적 발상들을 융합함으로써 한 편의 소재가 되고 주제가 되어 세상 밖으로 나온다. 우린 그런 과정을 통해 감동하고 그 감동 속에서 미학적 가치를 꿈꾸고 성찰하게 이른다.

　여기 조은주 시인의 첫 번째 시집을 일별 해보면 시적 사색에서 오는 간결함이 남다르고 그리움에 대한 성지를 보는 듯하다. 시에서 주는 감성은 아픈 기억들이 있었기에 잔잔한 울림은 또 다른 삶의 향기를 채우고 있나 싶다. 시인의 참된 삶의 맛은 행간에 침묵의 언어와 따뜻한 언어로 마음의 정서들이 깃들여 있다. 글에 대한 열정이 고스란히 심미안을 그리고 있으며 그 심미안은 감성으로 전해오고 있다. 그리움은 마음을 상기하며 지난 시간을 보상 받으려 하는지도 모른다. 그리움이란 세척이 안된 세탁물처럼 슬픔의 반경에 들어 있다는 것을 여가 없이 보여줘야 한다. 그리고 그리움의 삶이란 정신적 지주에서 오는 정서 또는 사유에서 얻어지는 현실을 직시하며 다양한 변화를 감수하면서 시적 언어에서 주는 진정성을 확보해야 한다.

인터넷 문학이 저변확대 되면서 많은 비주류 작품이 쏟아지는 지금 시란 정말 무엇일까? 라는 질문이 쇄도하고 있다. 시란 무엇일까의 질문은 오래전부터 상실되어 가고 있다. 겉보기에는 매끈해 보이지만 알맹이가 없고, 무슨 소리를 하고 싶어 하는지 이해가 안 될 때가 많다. 그래서 시는 정체성을 갖고 진솔하게 마음에 있는 글을 쓰는 것이 독자에게 울림을 줄 수 있는 시가 정말 좋은 시라고 생각한다. 시는 작가의 마음이며 성찰이다.

그는 '별은 내 가슴에//멀고도 먼/하늘길 걸어 내게 다가와/밤새 귓전에서 속삭였지//사랑한다고 너밖에 없다고/속지 않으려 오늘은 각오했지만/새벽이 되면 또 이별 준비하는지//보내지 않으려/가진 교태를 부려 보지만/뒤도 돌아보지 않고 줄행랑쳐//내일 온다고 그렇게 가버렸지//나는 오늘도 온종일/너만 기다리고 있는데/얄궂은 밤비 방해나 하고//별아 사랑하는 별아/언제쯤 나만 가질 수 있니/내 별아...'(「별은 내 가슴에」 전문) 우주의 공간을 넘나들며 기다림을 동행하고 있다. 그 존재는 연속적으로 순환되고 있음을 제시해 줌으로 막연하고 모호한 것이 아니라 삶의 일부가 미학적 가치로 자리 잡아가고 있다.

[사랑한다고 너밖에 없다고/속지 않으려 오늘은 각오했지만/새벽이 되면 또 이별 준비하는지] 동행하고 있음을 시작으로 알리는 것은 작가의 평범한 일상이 기다림과 그리움으로 삶과 연관성이 있다는 것이다. [나는 오늘도 온종일/너만 기다리고 있는데/얄궂은 밤비 방해나 하고]는 지난 시간의 그리움으로 밤마다 기려지는 별과의 외면적 의미는 회화적 요소들로 자리 잡고 있다.

 또 하나의 그리운 대상을 찾아 시인의 삶을 동행해 보는 시간을 살펴보기로 하자.


촛불의 눈물처럼
잔바람에 흔들려
그대 어깨 위에
이슬 되어 내려도

그리움의 파장은
저 넓은 강물의
너울춤에 비하랴

풍전등화는
언제 사그라들지 모르지만
강물의 너울춤은 멈추지 않으리

지나간 까만 밤은
영화 속 시나리오 되어
눈만 뜨면 필름처럼

윤기영의 詩론집

뇌리를 스치는데

깜빡이는 촛불은
흘러내리는 촛농이 되어
가슴 깊이 패이고
애타는 간절한 마음은
그대에게 고스란히 전하리,,,

(「애상愛想」 전문)

  시인의 마음에는 비의 속삭임이 있다. 시의 애상愛想 속에는 미적 거리와 서정적 거리가 주관적인 감성에서 보여주고 있다. 긴 세월 탓일까 계절로 이동하는 모습들이 분주하게만 보인다. 눈만 뜨면 뇌리에 자리 잡고있는 것들 부드러운 어조로 순수하고 맑은 시적 분위기를 조성하여 삶의 감성적인 내 마음을 보여줌으로써 시인의 마음은 지난 시간의 연결고리로 조화를 이루고 있다. 그 조화 속에 연결되는 인생 서막이 녹아드는 애절함이 펼쳐 보이고 있다.

 다시 그는 '꽃과 여인 //꽃은 말이 없지요/여인은 말을 합니다//꽃은 향기로 말하고/여인은 사랑으로 말하며/꽃은 시들지만/여인은 시들지 않네//누군가/여인이 나이 들면/시든다 하지만 그건 아니리//육신은/늙었다 하지만/사랑은 더 깊으리//여인이 늙었다고/우리 외면하지 말아요/나름대로 사랑은 있음에//꽃과 여인/향기와 사랑/모두가 바라는 사랑 이리요.'(「꽃의 여인」 전문) 시인의 삶을 꽃으로 비유하여 꽃이 피고 지는 과정을 통해 시인은 성찰한다.

꽃은 시들지만 난 시들지 않는다는 추상적 의미를 부여하는 것은 정서적 미학적 거리가 가깝다는 논리에 감정이입의 성찰을 하며 인생의 인연도 모진 세월도 잊어버리지 못하고 잊지 못하는 인생의 인연과 모진 세월의 삶을 자연의 이치와 함께 회화하고 있다.

## 2. 정서적 거리가 주는 성찰

 조은주 시인은 시에서는 서정에서 주는 삶의 이치를 자연에 대한 성찰로 삶의 간결한 목소리를 들려주고 싶어 하는 시인이다. 시인은 서정적 자아를 설정하여 세계에 대한 자신의 태도를 표명한다. 사적 오감이나 바람소리 등을 시로 표현하여 현실에 주어진 삶의 일원으로 희망의 메시지가 된다면 미적 정서에 서정으로 승화된 사회가 되길 조금이나마 이바지하고 싶은 욕망이 암시되어 보여주고 있음은 관습적 공유할 수 있음을 직시하고 있다.

 시인은 시적 단어가 일상적인 경험과 체험에서 얻어지는 시적 울림은 계절의 발화과정을 집중으로 이루어졌다고 봐야 한다. 언어와 이미지의 형상이 참신하게 표현하며 시적 사유에서 회유하는 정서적 거리를 주는 성찰이다. 천상병 시인의 '강물'처럼 시간에 대한 존재성의 관계를 진솔하게 직시해 줌으로 강물이 바다로만 가는 것이 아니라 내가 울고 있음을 말해 줌으로 '강물'에 대한 시적 감흥을 보여 준다. 원태연 시인의 '서글픈 바람' 천상병 시인의 '강물'은 세월로 그려진 기다림의 잔재들이다. 그래서 조은주 시인의 시의 주류도 내면의 아픔으로 그려낸 시대적 배경들이 소통하고 있다는 것이다.

 다시 그는 '휘청이는 이별// 너무 슬피 울거나/너무 가슴 아파하지 마세요/떠난 사랑이 찾아오나요//인연의 굴레 속에/마지막 잎새 눈물처럼/그저 사랑이 흔들린 건 아니라오//서로의 가슴속/사랑앓이로 흘린 눈물/휘청이는 이별의 흔적 되리//너무 미워도 그렇다고 그리워도 마세요/사랑은 가슴으로 하는 거니까//한동안 힘들지만/사랑이란 이별이란 다 그런 거래요/눈물의 흔적이 언제까지 남을지,,,'(「휘청이는 이별」 전문) 속에 정서가 가을 낙엽만큼이나 쓸쓸하게 보인다. [한동안 힘들지만/사랑이란 이별이란 다 그런 거래요/눈물의 흔적이 언제까지 남을지,,,] 이별에 대한 관조가 애잔하게 녹아든다. 이별은 시각적 움직임을 여가 없이 제시해 줌으로 기다림에 대한 생동감이 돋보이기도 하고 성숙되어가는 과정을 보는 듯하다. 이별 속에는 정서적 거리가 확장되어 있음을 깊이 있게 보여주고 있다.


하늘 아래
함께 있어도
그건 만남이 아녔네

같은 나라에
함께 숨 쉬며
어딘지 알 것 같으면서도

내 손을 내밀지 못하는 건

그대 행복을 빌기 때문인지

가슴속 흐르는 눈물은
새벽 서녘 유성 되고
뒤척인 등골엔
헛기침만 토하네

사모하는 마음
변하지 않지만
현실이 눈물로 그리워하는 우린
고란살이란 말인가.

(「눈물겹도록 그리운 그대」전문)

   조은주 시인은 시와 삶과 밀접한 관계를 유지하고 있음을 시로 다시 보여주고 있다. '하늘 아래/함께 있어도/그건 만남이 아녔네//같은 나라에/함께 숨 쉬며/어딘지 알 것 같으면서도//내 손을 내밀지 못하는 건/그대 행복을 빌기 때문인지' 1단락에서 하늘 아래 함께 살아도 만날 수 없다는 의미가 부여된다. 2~3단락에서 어딘가에 살고 있어 행복을 빈다고 한다. 서로 꿈과 희망은 있지만 아픈 상처로 위로하는 애잔함이 쓸쓸하게 다가선다. 인간의 끈질긴 인연들은 가슴으로 눈물로 호소해 보지만 멈춰선 시간뿐 이라는 것을 보여주고 있다.

   그가 부르는 '그리운 그대//오늘도/님은 날 울리네/그리움은/밤바람 타고/내 가슴 후비는데//거친 파도는/갯바위에 부딪혀/하얀 포말을 만들어 보지만/끝내 흩어지고//바람 타고 나는/괭이갈매기/그 바람 견디지 못해/억지 날갯짓만 하는데//거친 저 바람 헤치고/내 님 계신 곳으로 가고 싶네/그곳이 어딘지 몰라도,,,'(「그리운 그대」 전문) 시인이 말하는 그리운 그대는 5단락으로 친구와 마주하는 술잔에 행복을 느끼는 작은 소망이 가득합니다. 고독함 속에는 진정한 삶의 그림자가 아닐까? 시인의 눈물겹도록 그리운 그대. 그리운 그대. 등은 삶의 역할이 되어 늘 동반하고 거울 앞에 있음을 예시해 줌으로 시인의 그리움을 소통으로 다시 보여주고 있다. 미학적 정서의 이치를 재조명해 줌으로 서정의 삶의 연결이 발현되고 있다.

### 3. 반복적 운율이 주는 자아

조은주 시인이 그토록 소리치는 목소리는 그리운 계절의 변화와 시간에 유동하는 정서를 희망으로 이끌고 있다. 긴 기다림의 세월 뒤에는 글을 쓰게 하는 원동력으로 스스로 지배당하고 있는지도 모른다. 삶이 주는 변화가 자리 잡고 있고, 그리움의 심연에는 항상 감성에 도취되어 있다. 그리움은 상징화가 되어 버린 세월 속에서의 성찰은 연민처럼 자아가 되어 환기해 줌으로 소통하고 공존하며 창작하는데 의지가 된다.

그는 '들풀처럼//그렇게 살련다/말없이 조용히/묵묵한 들풀처럼//눈길 한번 주지 않아도/아무도 알아주지 않아도/하지만 바람은 알겠지//스치는 바람이며/한여름 소나기의 요동도/그리움을 알겠지 나처럼//들풀은/바람과 눈물과/사랑의 흔적 남김처럼/그렇게 들풀처럼 살아가리.'(「들풀처럼」)은 계절의 변화 속에 피는 꽃이다. 누가 바라보지 않아도 제자리를 지키며 비가 오나 바람이 부나 잘 견디어 주는 생명력 있는 꽃이다. '이해인 시인의 들꽃이 장미보다 아름다운 이유'에서 느낀 것처럼 독자의 마음은 어떤 시에 감독을 받는 것은 독자의 몫이다. 그렇듯 조은주 시인의 사색을 끌어내는데 이해가 되는 시이다.

 이처럼 시인의 마음에는 영원히 떠나지 않는 그리운 감성을 적시하고 있어 독자와 공감하는 영역을 확보해 줌으로 소통하게 이른다.


꽃바람
가슴에 밀려오고

아스라이 스치는
그대 그리움은
봄 떠난 바람의 흔적으로 남고

그리움에 내몰린
육신의 그림자는
그대 향한 그리움으로 가득 차네

말없이
그대 향한 그리움은
온전히 남아있는 사랑이라는 마음

나를 그대에게 보내고
그대에게 받았다는
연락이 올 때까지
그리움을 내려놓지 않을래요

무소식이 희소식이라 해도
그냥 말없이 기다리고 살며
가슴속 숨겨둔 추억 더듬고 살래요.

「나를 그대에게 보다」 전문)

 조은주 시인의 시적 감흥은 기다림의 긴 여운들로 목이 말라가는 사막에 단비가 내리듯 자연의 이치와 삶이 공존하는 시간을 보여주고 있다. 시인의 모티브는 정서이다. '나를 그대에게 보다'는 내가 살아온 삶을 되돌아 거울에 비추어 보니 지난 시간이 파노라마 치듯 계절만 되면 찾아오는 자연의 이치를 보며 '그리움을 내려놓지 않을래요' 가슴으로 말하고 있다. 우리가 겨울을 이겨내고 봄꽃을 맞이하듯 인생도 그렇게 추운 겨울을 보내며 또 다른 희망 속에서 물음표를 던지는지도 모른다. 시인의 마음은 자연과 대화하며 또 기다리고 기다리며 자연과 공존하며 그 이치에 따라 꿈이 있고 희망이 있다는 것을 보여주고 있다. '들풀'이 피고 지는 계절처럼 우리네 인생을 다시 되돌아보며 계절은 다시 돌아온다는 희망을 던진다.

 또 이렇게 '함께 마시면 더 행복하리'라는 물음표로 시작한다. 우리의 추억은 아직도 멈추지 않은 진행형이라고 메시지를 던진다.

그대와 함께
술잔을 기울이면
왜 그리도 달콤한지

홀로 마시면
쓰디쓴 가슴앓이 속병
타들어 가는 고독
그대와 마신 술은
내 영혼을 감싸고
하늘 날으는 행복이었는지

언제나
그대 그리움에
영원히 함께 술잔을
기울이고 싶으리

그런 사랑만이
우리 곁에 영원히 남아
서로의 마음 어루만져 주는
사랑이면 더 좋으리,,,

(「함께 마시면 더 행복하리」 전문)

   시인 조은주는 이제 '함께 마시면 더 행복하리'라는 그리운 노래가 내 인생이라고 부르고 있다. 사계절을 통해 얻어지는 성찰은 '언제나/그대 그리움에 영원히 함께 술잔을/기울이고 싶으리'라는 질문에는 시인의 간결한 물음표에 필연적인 언어들이 가끔씩 등장하게 된다.

윤기영의 詩론집

「별은 내 가슴에」「휘청거리는 이별」「들풀처럼」은 시인의 삶과 희망의 모티브이다.

'찢어진 우산//우리는 모두/마음의 우산을/하나쯤은 갖고 있지요//오래된 우산/새로 산 우산/세찬 비바람에/못 견뎌낸 찢어진 우산//아픔과 고통//그리움과 고독을 막아주는/그 마음의 우산이 있지요//그대는/어떤 우산을 갖고 있나요.'(「찢어진 우산」)의 인생은 다시 서보려 하지만 삶의 진리가 앞서고 있다. 삶이 그러하듯 인생 구비에는 비바람에 흔들리지 않으려 다짐도 해보지만 비바람에 우수수 떨어지듯 나약한 삶을 이해하는데 시간이 필요해 보인다.

우린 삶의 길목을 다시 두들겨 본다. '눈물의 길목//마음껏 울고/속 시원히 돌아서는 발길/누구를 원망해도/그건 내 몫인 걸//흐르는 건/마른 서릿발 어린 눈물뿐/미련이 있어 흘린 사랑//긴긴 사랑/홀로 떠안아야 하는/눈물보다 더 독한 사랑/잊기 위해 술잔 비틀거림//사랑으로/물질로도 안주가 안 되는/쓰디쓴 그리움의 독백//마음을 어루만지다/끝내 눈물로 마무리하는/아련한 나그네의 소망//그저 울다 희망의 끈을/힘없는 팔목에/조용히 부여잡아요.'(「눈물의 길목」) 등은 삶에서 오는 인간관계로 떠오르는 형상들이 초점에 들어온다. 시인의 마음에 고정된 심리적 공간에 시간이 고정되어 있음을 사실적으로 표현해 줌으로 눈물의 길목은 승화된다.

## 4. 여정과 희망의 시간

 별은 내 가슴에는 조은주 시인의 험난한 여정과 삶의 진솔한 마음을 그대로 보여주는 감성의 사색 창고이다. 시인은 봄과 여름 가을 겨울을 통해 얻어지는 오감과 기다림과 그리운 여정을 여가 없이 성찰하고 있다. 표현은 작가의 마음이고 작가의 감성이다. 자연과 더불어 살아온 삶을 비유해 보는 시간은 참으로 애틋한 시간이었다. 자연에서 느끼는 오묘함과 꽃의 결정체에서 전해오는 각양각색의 신비스러움까지 성찰 그 승화가 있었기에 시상이 공존하고 있음을 이해한다.

 조은주 시인의 마음에서 따뜻한 뜨락이 존재하는 것 같다. 수시로 사물을 바라보며 깨닫고 그 물음을 시로 던져놓는 것 또한 따뜻함을 전도하는 원동력이 있는 시인이며 인간의 본질적 운명으로 살아갈 수밖에 없는 공감의 영역을 확대하고 있다.

 그 '겨울 끝의 자화상/생명의 심지에 조금 남은/기름으로 어둠보다 더 진한/혼몽의 창을 밝히며/사랑도 미움도 화석처럼/정지된듯한 세상에/나만이라도 서투른 사랑을' 시인의 인지력이 강하게 보이는 자화상 1단락에서 보여주고 있다. 시인은 '사랑도 미움도 화석처럼' 언어를 비유하듯 그 다짐은 겨울에 핀 눈꽃처럼 차갑고 매섭게 보인다. '지친 마음에 스스로를/알맞게 견제하려는 생각/다시 어쭙잖은 분별을 찾으려/서릿발 내린 산으로 내딛는데/바람은 빈 곳으로 불어온 다더니/푸석푸석한 땅 위에 뒹굴던/마른 잎들이 빈 구석을 가득/채우고 있다 내 마음처럼'(『겨울 끝의 자화상』전문) 2단락에서는 '푸석푸석한 땅 위에 뒹굴던 마른 잎들이 빈 구석을 가득 채우고 있다'라고 말하고 있다. 바람이 거칠게 부는 날에는 낙엽은 결국 낮은 곳으로 모아지 듯 인생도 빈 들녘을 채우는 마음은 얼마나 쓸쓸한 자화상일까? 그 진솔한 마음이 잘 정돈되어 보여주고 있다.

다시 '떠나는 노을아//영마루 언덕 넘어/홀연히 붉은빛 내리며/그대 떠나는 서녘에/ 1단락에서. 상념에 젖어 마음의 거울을 보고 있다.// 샛바람/강바람에 홀로/떠나는 두견새의 애련처럼// 2단락에서. 계절이 떠나고 또 다른 계절이 오고 있음을 말하고 있다.// 떠나는 노을아/땅거미 지기 전에/산 넘어 빨리 가려므나// 3단락에서. 떠나지 못하는 애잔함을 호소하고 있다. /어둠길/님의 눈물 흘리면/너도 울고 나도 운단다// 4단락에서. 서러움에 잠시 머물러 보는 시간이다.// 노을빛 그리움이/내 가슴에 담겼으니/그저 눈물 훔치며 떠나려므나.// 5단락에서 그 간결함을 다시 직시해 줌으로 시인이 말하고자 하는 자연의 순리 그 순리 속에는 다시 희망의 메시지를 말해 줌으로써 자연의 이치와 계절로 동행하고 있다.

조은주 시인의 '떠나는 노을아'는 '서정윤' 시인의 '노을'과 조병화 시인의 '노을' 등을 감상하게 만든다. 떠나는 노을 속에 그려지는 시간이 그러했듯 하루 동안 살면서 또 하루의 희망을 기다리며 희로애락을 즐기며 나의 모든 것을 발견하는 하루, 돈호법으로 순환의 울림을 재조명해 본다.

내 마음
돛을 달고
그리움의 순풍에
그대라면 어디든
함께 가는 사랑

바람 같은 그대
그리움 안고
사랑이라는 푯말처럼

언제나
가슴속에 담아
영원히 함께하고픈 그대

바람이라는
그대 그리움
내 모든 것을 맡긴 사랑

바닷가 늙은 바위
이끼가 되고
따개비가 되어서라도
그대 바람을 맞으리,,,

(「바람에 맞긴 사랑」 전문)

 조은주 시인의 이 작품에서도 '바람에 맞긴 사랑'은 겨울을 잘 버티고 이겨낸 감사의 뜻인지도 모른다. 인간사의 혹독함을 극복해내기까지는 시련과 고통 그리고 긴 침묵이 기다리고 있다는 것이다. 그렇듯 삶 속에는 지워지지 않는 것들이 있었기에 사물을 관찰하고 오감을 노래하며 살았는지도 모른다.

다시 '흔적 속에 그대//누구나/사랑의 흔적은 있듯/그 흔적이/기쁨으로 남으면 좋으련만//때론 그 흔적이/가슴앓이로 남을 때/쓰린 가슴은 멍울 되어/흔들리네//처음부터 쓰린 사랑/하고 싶지 않았지만/어쩌다 삶이 그렇게/만들었는지//이미 사랑해버린 뒤라면/사랑의 흔적을 아름다움으로/어루만지며 살아가면 좋으리//그대여/사모하는님들이시여/눈물로 그리움을 달래듯/아름다운 흔적으로 간직하소서.
(「흔적 속에 그대」) 시인의 진솔한 마음을 그대로 보여주고 있다. 아름다운 삶을 살자는 메시지가 되었으면 한다. 우린 늘 감흥에 젖어 좋은 글만 쓰고 좋은 일들만 있기를 바라는 마음들이다. 아쉬움이 있다면 사물에 대한 이해와 은유에서 좀 더 노력하는 역할이 있었으면 한다. 시인의 사유에서 많이 노력하는 모습으로 성장하길 바란다. 흔적 속에 그대는 여가 없이 직시해 줌으로 이 시에서 전해오는 미학적 정서들은 삶을 흡인하고 있다.

이제 조은주 시인의 시집 읽기를 마무리할 때가 된 것같다. 그리움이 주는 오감 안에 펼쳐지는 시적 감성들은 순수함에서 주는 진리와 결실을 맺으려 하는 희망의 메시지들이 승화되어 가는 것은 인간사의 변주곡이 되어 간다. 시인은 이러한 과정을 통해 발전하는 언어에 대한 성찰로 희로애락을 즐기며 새로운 관점에서 창조하는 시법을 인식하게 된다.

조은주 시인은 진정한 서정시인이다. 시의 감성 속에는 노래하고자 하는 그리운 삶의 대상에서 공감하고 내면에 잠재한 진실을 분사하는 서정적 시 정신을 발양하고 있는 시인의 인생 지표를 보는 듯하다. 시란 영원한 진리로 공존의 의미이다. 첫 번째 시집 출간을 축하한다.

윤기영의 詩론집

창작동네 시인선 163

# 윤기영의 詩론집

인   쇄 : 초판인쇄 2023년 2월 20일
지은이 : 윤기영
편집장 : 정설연
편집인 : 윤기영
펴낸곳 : 노트북
등   록 : 제 305-2012-000048호
본   사 : 서울시 동대문구 사가정로 256-4호 나동B101
전   화 : 070-8887-8233 팩시밀리 02-844-5756
H   P : 010-8263-8233
이메일 : hdpoem55@hanmail.net
판   형 : 신한국판형_P204_140-220

2023 2월 & 윤기영의 시론집

정   가 : 15.000원

ISBN : 979-11-88856-63-3-03810


*저자와의 협의로 인지는 생략합니다.
*잘못된 책은 교환해 드립니다.